'24→'25年版

これだけ覚える

FP3技能士級

一問一答+要点整理

JN011982

成美堂出版

はじめに

　みなさんの人生の目標は何ですか？　その目標を実現させるためには、多かれ少なかれ経済的な問題に悩むことがあると思います。その悩みに、金融や保険等に関する専門的知識を使って答えていくのが、"ファイナンシャル・プランナー"です。

　ファイナンシャル・プランナーは顧客の人生設計を踏まえ、長期的・包括的な視点でファイナンシャル・プランを提案し、総合的なアドバイスをします。そのため、ある分野に特化した知識だけではなく、金融、保険、不動産、税金、年金、ローンなどの幅広い知識が必要です。このような人生設計に必要なお金に関する専門知識を幅広く習得する資格が、FP技能士資格です。その中でも、3級ははじめてファイナンシャル・プランニングを学ぶ方の入門となる資格で、ファイナンシャル・プランニングに必要な基礎知識を習得します。

　本書では、FP技能士3級の合格をめざし、効率的な学習が進められるように「要点整理」プラス「一問一答形式の問題集」という構成になっています。問題は実際の試験問題に則した内容ですので、本書の問題を繰り返し解くことでFP技能士3級合格のための知識をしっかりと身に付けられます。

　FP技能士の資格は、金融業・保険業・会計業・不動産業などの個人の顧客を対象とするアドバイザーには、必須の資格です。また、家計を運営するすべての人に必要な知識が身に付く資格でもあります。

　本書を手に取っていただいた皆様が、FP技能士3級の試験に合格し、キャリアアップやご自身の生活設計に役立てていただけることを願っています。

2024年5月

株式会社 マネースマート

本書の特徴と使い方

① どの本でもあまり変わらない感じかな。

FP3級の資格を取ろうと思っているのだけど、どの本がいいかしら。

② 効率的に勉強しようと思っている人には、本書がオススメですよ。

えっ、本当？

③ この本は、FP初学者でもきちんと力がつくように、しっかり考えて作られているんです。

④ この本の一番の特長は、知識のインプット用の「要点整理」とアウトプット用の「一問一答Q&A」の2本立ての構成になっていること。

要点整理　　　　一問一答 Q&A

※重要度の高い順にA・B・Cとなります

4

⑩ アイコンも付いているので、勉強のポイントが絞れます。

よく問われる箇所
頻出
実技試験で問われやすい箇所
実技

法・制度改正があった箇所（要点整理ページ）
法改正
改正

ポイントが絞れますね。

⑪ 「**要点整理**」で一通り勉強した後は、「**一問一答Q＆A**」に挑戦！　要点整理には載っていない情報もあるので、解説もしっかり読んでくださいね。

⑫ 問題は、**基本**と**重要**の２段階の構成になっています。

Q〈05〉

徐々に、ステップアップしていけるんですね。

何度も繰り返し解いてください。

チェック欄が３つある！

目　次

＊ 本書は、原則として、2024年4月1日時点で施行されている法令等に基づいて原稿執筆・編集を行っております。

第4章 タックスプランニング

要点整理

第5章 不動産

要点整理

＊ 本書に記載の税額(税率)には、復興特別所得税が含まれております。

一般社団法人金融財政事情研究会　ファイナンシャル・プランニング
技能検定3級学科試験・実技試験(個人資産相談業務)
許諾番号1804K000001
日本FP協会3級ファイナンシャル・プランニング技能検定実技試験
(資産設計提案業務)
許諾番号1804F000016

FP技能検定３級　試験概要

1 試験実施機関

　FP技能検定3級の試験実施機関は、一般社団法人金融財政事情研究会(以下金財という)と、NPO法人日本ファイナンシャル・プランナーズ協会(以下FP協会という)の2団体があります。

2 受検形式

　FP技能検定3級の試験は、CBT(Computer Based Testing)試験で行われます。全国の約 330 のテストセンターの中から、受検者が希望するテストセンターで受検できます。テストセンター会場はHP等で確認できます。

3 出題形式

　FP技能検定3級の試験は、学科試験と実技試験で行われます。学科試験は金財、FP協会共通です。実技試験は、金財は選択科目方式となっており、どちらの選択科目を受検してもかまいません。FP協会は1科目のみです。

　学科試験と実技試験は、同日に受検することができます。

	学科試験	実技試験
受検科目の選択	金財、FP協会共通	金財(以下の2つより選択) ・個人資産相談業務 ・保険顧客資産相談業務 FP協会 ・資産設計提案業務
出題形式	CBT○×式 三答択一式　60問	金財 　CBT多肢選択式　5題 FP協会 　CBT多肢選択式　20問
試験時間	90分	60分

①学科試験の出題範囲は以下のとおりです。

A ライフプランニングと資金計画	D タックスプランニング
1. ファイナンシャル・プランニングと倫理	1. わが国の税制
2. ファイナンシャル・プランニングと関連法規	2. 所得税の仕組み
3. ライフプランニングの考え方・手法	3. 各種所得の内容
4. 社会保険	4. 損益通算
5. 公的年金	5. 所得控除
6. 企業年金・個人年金等	6. 税額控除
7. 年金と税金	7. 所得税の申告と納付
8. ライフプラン策定上の資金計画	8. 個人住民税
9. ローンとカード	9. 個人事業税
10. ライフプランニングと資金計画の最新の動向	10. タックスプランニングの最新の動向
B リスク管理	**E 不動産**
1. リスクマネジメント	1. 不動産の見方
2. 保険制度全般	2. 不動産の取引
3. 生命保険	3. 不動産に関する法令上の規制
4. 損害保険	4. 不動産の取得・保有に係る税金
5. 第三分野の保険	5. 不動産の譲渡に係る税金
6. リスク管理と保険	6. 不動産の賃貸
7. リスク管理の最新の動向	7. 不動産の有効活用
C 金融資産運用	8. 不動産の証券化
1. マーケット環境の理解	9. 不動産の最新の動向
2. 預貯金・金融類似商品等	**F 相続・事業承継**
3. 投資信託	1. 贈与と法律
4. 債券投資	2. 贈与と税金
5. 株式投資	3. 相続と法律
6. 外貨建商品	4. 相続と税金
7. 保険商品	5. 相続財産の評価(不動産以外)
8. 金融派生商品	6. 相続財産の評価(不動産)
9. ポートフォリオ運用	7. 不動産の相続対策
10. 金融商品と税金	8. 相続と保険の活用
11. セーフティネット	9. 相続・事業承継の最新の動向
12. 関連法規	
13. 金融資産運用の最新の動向	

②実技試験の出題範囲は以下のとおりです。

●金財　個人資産相談業務

> 1　関連業法との関係及び職業上の倫理を踏まえたファイナンシャル・プランニング
> 2　個人顧客の問題点の把握
> 3　問題の解決策の検討・分析

●金財　保険顧客資産相談業務

> 1　関連業法との関係及び職業上の倫理を踏まえたファイナンシャル・プランニング
> 2　保険顧客の問題点の把握
> 3　問題の解決策の検討・分析

●FP協会　資産設計提案業務

> 1　関連業法との関係及び職業上の倫理を踏まえたファイナンシャル・プランニング
> 2　ファイナンシャル・プランニングのプロセス
> 3　顧客のファイナンス状況の分析と評価

5 合格基準

　学科・実技それぞれに合格判定が行われ、両方に合格するとFP技能士3級が認定されます。

学科試験	実技試験	
60点満点で36点以上	金財	50点満点で30点以上
	FP協会	100点満点で60点以上

　どちらか一方のみ合格した場合は一部合格証書が発行され、その試験日の翌々年度末までに合格していない学科試験（あるいは実技試験）に合格すると、合格証書が発行されます。

6 合格発表

　試験日の翌月中旬にWebサイトで発表されます。

7 受検申込み

Web申請のみです。金財、FP協会のHPから、株式会社CBTソリューションズのWebサイトに遷移して申し込めます。

8 試験日程

下記の休止期間以外は、希望する日時で受検できます。

2024年5月26日(日)　〜2024年5月31日(金)
2024年12月27日(金)〜2025年1月6日(月)
2025年3月1日(土)　〜2025年3月31日(月)

9 法令基準日

試験の問題文にとくに断りがない限り、以下の基準日時点の法令に基づいて出題されます。

試　験　日	2024年6月〜2025年5月実施分

⬇

法令基準日	2024年4月1日

また、復興特別所得税について、本書では税額を含んだ数字を記載していますが、試験では問題により含んでいない場合もあります。解答するときは、問題をしっかり確認しましょう。

＊ 資格と試験に関する情報は、変更される場合があります。受検前に必ずご自身で、試験実施団体の発表する最新情報を確認してください。

試験についての問い合わせ

一般社団法人金融財政事情研究会　検定センター

TEL　03-3358-0771

HP　https://www.kinzai.or.jp/fp

NPO法人日本ファイナンシャル・プランナーズ協会

試験業務部試験事務課

TEL　03-5403-9890

HP　https://www.jafp.or.jp/exam/

第1章

ライフプランニングと資金計画

要/点/整/理/

- **1** ファイナンシャル・プランニングの基礎知識
- **2** ライフプラン策定上の資金計画
- **3** 教育資金設計
- **4** 住宅資金設計
- **5** その他のローンとカード
- **6** 社会保険
- **7** 公的年金
- **8** 企業年金

一問一答Q&A(基本)

一問一答Q&A(重要)

　ライフプランニングと資金計画の幅広いテーマの中から、「社会保険」「公的年金」「ライフプラン策定上の資金計画」については毎回1問以上が出題されています。とくに、公的年金については制度改正が多い分野ですので、老齢年金の受給資格や年金額について内容を深く理解する必要があります。

　実技試験では、設例にある公的年金の加入歴から、老齢年金がいつからどのように受給できるかという問題や、年金額や計算式を問う問題も出題されています。

　FP協会での実技試験では、6つの係数を選択する問題やキャッシュフロー表の計算問題なども出題されています。

●これまでの出題傾向

	2024年1月			2023年9月			2023年5月			2023年1月			2022年9月		
	学科	実技		学科	実技		学科	実技		学科	実技		学科	実技	
		金	協会		金	協会		金	協会		金	協会		金	協会
1 ファイナンシャルプランニングと倫理															
2 ファイナンシャルプランニングと関連法規	❶		❶	❶		❶	❶		❶	❶					❶
3 ライフプランニングの考え方・手法	❶			❶		❸	❶		❸	❶		❸	❶		❸
4 社会保険	❷			❶	❸	❶	❷			❷		❸	❶	❹	❶❶
5 公的年金	❸	❶	❶	❷		❷	❸		❷	❷	❶	❶	❷	❷	❶
6 企業年金・個人年金等	❶	❷				❶	❶			❶	❷				❶
7 年金と税金															
8 ライフプラン策定上の資金計画	❷			❷			❷			❷	❶	❷			❶
9 ローンとカード							❶								
10 ライフプランニングと資金計画の最新の動向															

（金：金財（個人資産相談業務）／協会：FP協会の出題数を表す）

第1章 ライフプランニングと資金計画

1 ファイナンシャル・プランニングの基礎知識 重要度A

1 ファイナンシャル・プランニングとは

ライフデザイン	自分の価値観により「こう生きたい」と思い描くこと
ライフプラン	ライフデザインを具体化した人生設計
ファイナンシャル・プランニング	経済環境やその人の価値観を踏まえ、ライフプラン実現のために家計のさまざまなデータを現状分析し、包括的に対策を立案、実行していくこと

2 ファイナンシャル・プランナー(FP)の職業倫理と関連法規

①FPの職業倫理

顧客利益の優先	顧客の利益を優先し、FP業務を行うことが求められる
守秘義務の遵守	職務上知り得た顧客の情報を、顧客の許可なく第三者に漏らしてはならない
アカウンタビリティ	説明義務。顧客に内容を十分に説明し、その説明を理解しているかの確認が重要である

②FPと関連法規 頻出

FPは、税理士法等の関連法規に抵触しないように注意しなければなりません。

有効なプランニングを行うためには、各分野の専門家の協力が必要になることもあります。

税理士法	税理士でないFPは、有償・無償を問わず、個別具体的な税務相談や税務書類の作成を行ってはならない
弁護士法	弁護士でないFPは、個別具体的な法律相談や法律事務を行ってはならない
保険業法	保険募集人資格のないFPは、保険の募集や勧誘を行ってはならない。保険相談や保障の見直し、必要保障額の計算は保険業法に抵触しない
金融商品取引法	金融商品取引業者でないFPは、顧客に有価証券の価値等に関する投資助言や顧客に投資判断の一任を受けた投資運用（投資一任契約）を行ってはならない

2 ライフプラン策定上の資金計画

1 ライフプランニングの手順と手法

① ライフプランニングの6つのステップ

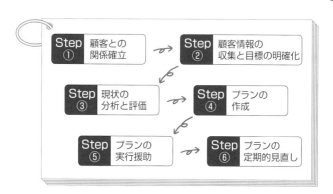

② ライフイベント表

　将来の予定や計画を時系列で表にしたものです。ライフイベント表の必要資金の見積りは現在価値で記入します。

② キャッシュフロー(CF)表

キャッシュフロー表は、将来にわたり、1年ごとの**収支**や貯蓄残高を予想し、表にしたものです。
・キャッシュフロー表の必須項目
　　　①年間収入　②年間支出　③年間収支　④貯蓄残高
・年間収入は可処分所得を使用する
　　可処分所得＝年収－[税金(所得税・住民税)＋社会保険料]
・貯蓄残高＝前年の貯蓄残高×(1＋運用利率)±年間収支

> 金額は変動率を考慮した
> 将来価値で記入します。

③ 個人バランスシート

個人バランスシートとは、現時点での資産と負債のバランスを確認する表です。**純資産**がマイナスであれば、債務超過となります。バランスシートの金額は、**時価**で表します。

〈個人バランスシートの例〉

[資産]		[負債]	
預貯金	350万円	住宅ローン	2,000万円
株式	100万円	自動車ローン	80万円
生命保険	50万円	負債合計	2,080万円
自動車	150万円	[純資産]	1,070万円
建物	1,000万円		
土地	1,500万円		
資産合計	3,150万円	負債・純資産合計	3,150万円

資産＝負債＋純資産

4 6つの係数 実技 頻出

さまざまな試算には、係数を使うと計算が容易になります。

終価係数	現在の金額を複利運用した場合の将来の金額を求める
現価係数	将来の目標金額を複利運用により得るためには、**現在いくらの元本があれば良いか**を求める
年金終価係数	毎年一定金額を積み立てながら複利運用していくと、将来いくらになるのかを求める
減債基金係数	将来の目標金額を複利運用により得るためには、**毎年いくら積み立てれば良いか**求める
年金現価係数	一定期間にわたり複利運用しながら一定金額を受け取るための現在の元本を求める
資本回収係数	一定金額を複利運用しながら一定期間で取り崩していくと、**毎年いくらずつ受け取れるのか**や、借入額に対する利息を含めた返済額を求める

3 教育資金設計 重要度 B

1 教育資金の準備方法

〈教育資金積立に適した金融商品〉

一般財形貯蓄	勤労者が、給与天引きで原則3年以上積み立てる貯蓄。貯蓄目的は限定せず、利子の非課税措置はない
こども保険（学資保険）	満期時に**満期保険金**を受け取る保険商品。契約者である親の死亡時は、以後の保険料は**免除**

こども保険は進学時の祝金や、育英年金が受け取れるタイプもあります。

② 教育ローンと奨学金 頻出

〈国の教育ローン〉

種　類	教育一般貸付
融資限度額	学生1人あたり350万円以内 一定の条件(自宅外通学、5年以上の大学、大学院、海外留学)を満たす場合450万円
利用要件	年収要件あり(子の数により年収上限額が異なる)
返済期間	原則18年以内

〈独立行政法人日本学生支援機構の奨学金〉
● 給付型奨学金(返済不要)
● 貸与型奨学金
　　第一種奨学金 ➔ 無利息貸与
　　第二種奨学金 ➔ 有利息貸与(在学中は無利息)
〈高等教育の修学支援制度〉
　授業料等の減免+給付型奨学金

4 住宅資金設計　重要度A

① 自己資金の準備方法

住宅購入時には、一般的に頭金と諸費用が必要になります。金額は、物件価格の20〜30%が目安です。

財形住宅貯蓄	・対象は、申込時の年齢が55歳未満の勤労者 ・積立期間は5年以上 ・要件を満たせば、財形住宅融資を利用できる

財形住宅貯蓄は、元本550万円までの利子等が非課税となります。

② 住宅ローンの組み方

① 金利の種類

固定金利型	返済終了まで金利が変わらないタイプ
変動金利型	市場金利の変動により、一定期間ごとに金利を見直すタイプ
固定金利期間選択型	当初の一定期間は固定金利で、固定期間終了後はその時点の金利水準で固定金利か変動金利かを選択していくタイプ

② 返済方法 頻出

元利均等返済	元金と利息を合わせた返済額が、毎回一定となる返済方法
元金均等返済	元金の返済額は毎回一定で、利息は元金残高によって計算される返済方法。当初の返済額は多いが、返済が進むにつれて毎回の返済額は徐々に減っていく

元利均等返済は、返済額の利息と元金の割合が、返済期間に応じてかわっていきます。

元金均等返済は、返済額のうち元金部分が一定です。

〈元利均等返済〉

返済額／返済期間

利息

元金

〈元金均等返済〉

返済額／返済期間

利息

元金

③**住宅ローンの種類**

〈主な住宅ローン〉

	フラット35	**財形住宅融資**
融資機関	住宅金融支援機構（申込みは取扱金融機関）	財形住宅金融株式会社など
要件	満70歳未満（親子リレー返済の場合は70歳以上でも利用可）	財形貯蓄を1年以上継続し、合計残高が50万円以上あることなど
融資限度額	100万円以上8,000万円以下で建設費・購入価額以内	財形貯蓄の合計残高の10倍以内（最高4,000万円）で住宅取得価額の90%以内
金利タイプ	最長35年の全期間固定金利	5年固定金利（5年ごとに見直し）
団体信用生命保険	金利に保険料を含む	保険料は別途必要
その他	保証料不要。繰上げ返済手数料不要	融資機関によって異なる

③**住宅ローンの見直し**

①**繰上げ返済**

　繰上げ返済とは、通常の返済に加えてローンの元金部分の一部を返済することをいいます。

〈期間短縮型〉	〈返済額軽減型〉
毎回の返済額は変えずに返済期間を短くする	返済期間は変えずに毎回の返済額を減らす

②借換え

借換えとは、返済中のローンを一括返済するために、新しくローンを組むことです。手数料や保証料等の諸費用が発生するため、それを負担しても借り換えるメリットがあるか確認する必要があります。

5 その他のローンとカード

1 主なカードの種類と仕組み

	クレジットカード	デビットカード	電子マネー
仕組み	利用者の信用に基づいて発行され、商品購入やサービス提供が受けられる。利用者の返済能力の審査あり	金融機関のキャッシュカードに**支払機能**をもたせ、現金の代わりに代金の決済ができる。手数料は不要	現金の情報をICカードに記録したもの。事前に入金するタイプやクレジットカードなどで決済する後払いのタイプ、デビットカードと紐づけた即時払いのタイプがある
決済時期	後払い	即時払い	前払い・即時払い・後払い

2 ローンやカードの支払方法

一括払い	手数料不要
アド・オン方式	借入時の元金に対してあらかじめ利息を計算し、元金と利息の合計額を返済回数で割って毎回の返済額を決める方法
リボルビング方式	利用限度額の範囲内で、あらかじめ設定した一定金額または一定割合を毎月支払う方法

① 医療保険

①医療保険の主な種類 頻出

	健康保険	国民健康保険	後期高齢者医療制度
対象者	会社員とその家族	左記以外の人	75歳以上の人
支給事由	業務外の病気、ケガ、出産、死亡	病気、ケガ、出産、死亡	病気、ケガ、死亡
保険料※	報酬×保険料率	市町村単位（原則）	都道府県単位
自己負担割合	・義務教育就学前　　　　　　2割 ・義務教育就学以後70歳未満　3割 ・70歳以上75歳未満　　　　　2割 　　　　　　　一定以上所得者は3割	病気、ケガ、出産、死亡	1割 一定以上所得者は2割 現役並み所得者は3割

※ 40歳以上65歳未満の人の保険料には介護保険料が加わる
* 国民健康保険の保険者は、都道府県および市町村（特別区を含む）

②健康保険の概要

	全国健康保険協会管掌健康保険（協会けんぽ）	組合管掌健康保険（組合健保）
保険者	全国健康保険協会	健康保険組合
保険料率	都道府県単位	規約で定める
保険料	原則、事業主と被保険者が半分ずつ負担（労使折半） 月給（標準報酬月額） 賞与（標準賞与額）×保険料率	
被保険者	適用事業所で働く一定の従業員および役員	
被扶養者	・主として被保険者の収入により生計維持されている一定の親族 ・原則として国内居住であること ・年収が130万円未満（60歳以上または障害者は180万円未満）であること、かつ被保険者の年収の2分の1未満であること	

③健康保険の保険給付

(1)保険給付の主な種類

給付事由	被保険者	被扶養者
病気・ケガ	療養の給付	家族療養費
	入院時食事療養費	
	高額療養費	高額療養費
	傷病手当金	―
出 産	出産育児一時金※1	家族出産育児一時金※1
	出産手当金	―
死 亡	埋葬料(埋葬費)※2	家族埋葬料※2

※1 原則として1児につき50万円
※2 原則として一律5万円

(2)主な給付の内容

●高額療養費

同一月、同一医療機関(入院・通院は別)ごとに支払った自己
負担額が一定額を超えたときに、負担が軽減される制度

特 徴	・入院時の食事代や差額ベッド代は**対象外** ・原則、請求して払戻しされる

●傷病手当金 　頻出　

病気やケガの療養(自宅療養を含む)のため連続して3日間会
社を休んだときに、4日目以降の休んだ日について、報酬が受
けられない場合に支給される

特 徴	・支給額は、欠勤1日につき支給開始日以前**12カ月間**の各月の標準報酬月額の平均額の30分の1×**3分の2** ・支給期間は、支給開始から通算して**1年6カ月間**

(3)任意継続被保険者制度 　頻出

退職後に、退職前の健康保険に任意に加入する制度です。

特 徴	・退職日まで、継続して**2カ月以上**の被保険者期間があること ・退職後**20日以内**に申請すること ・加入できる期間は最長で**2年間** ・保険料は**全額自己負担**(上限あり)

②介護保険 頻出

保険者	市町村(特別区を含む)	
対象者	第1号被保険者	第2号被保険者
	65歳以上の者	40歳以上65歳未満の医療保険加入者
保険料の算定、支払方法	市区町村ごとに保険料を決定し、年金額が18万円以上の者は年金天引き(特別徴収)	医療保険者ごとに保険料を決定し、医療保険料と併せて徴収(被扶養者は保険料の負担は原則としてない)
支給事由	市区町村から「要支援状態(1、2)」または「要介護状態(1〜5)」と認定されたとき	
	原因は問わない	老化に起因する病気(特定疾病)のみ
自己負担	利用限度額以内の自己負担(食費・居住費を除く)は1割。ただし、65歳以上で一定以上の所得者は、所得に応じて2割または3割	

③労災保険(労働者災害補償保険)

対象者	適用事業(原則として1人でも労働者を使用する事業)で働くすべての労働者
支給事由	業務上の事故(業務災害)または通勤途中の事故(通勤災害)によるケガ、病気、障害、死亡など
保険料	〔全額事業主負担〕
特別加入制度	事業主や役員等は対象者にはならないが、一定要件に該当する場合は、任意に特別加入できる
主な給付	療養給付…治療を受けたとき。治療費の自己負担なし 休業給付…療養のため働けないとき。休業4日目から支給 障害給付…傷病が治癒して一定の障害が残ったとき

4 雇用保険

① 雇用保険の概要

被保険者	適用事業で働く常用労働者。なお、パートタイマーや派遣労働者などは、1週間の所定労働時間が20時間以上、かつ31日以上の雇用見込があること

② 主な失業等給付

(1) 基本手当 頻出 ✍

　雇用保険の給付の中心となるのが、65歳未満の一般被保険者が失業したときに支給される求職者給付の基本手当です。

支給要件	離職の日以前の2年間に、雇用保険の被保険者期間が通算して12カ月以上あること。ただし、倒産、解雇または雇止めなどについては、離職の日以前の1年間に被保険者期間が6カ月以上あること
所定給付日数	・自己都合や定年などによる離職→雇用保険に加入した期間により、90日・120日・150日 ・解雇・倒産、雇止めなどの離職→雇用保険に加入した期間、および離職時の年齢により、90日〜330日

〈基本手当受給の流れ〉

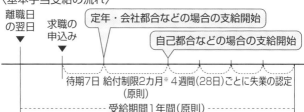

※ 過去5年間に2回以上自己都合で退職している場合は3カ月

* 求職申込みの手続きは、住所管轄の職業安定所(ハローワーク)で行う

(2) 教育訓練給付

　一定要件を満たす者が、厚生労働大臣の指定する教育訓練を修了したときに支給されます。

〈一般教育訓練の支給額〉
　　入学金および受講料(最大1年間分)の20%
　　　　　　　　　　　　　　　　　(上限10万円)

* 専門実践教育訓練の場合、原則50%（上限：合計120万円、年間40万円）

(3)高年齢雇用継続給付 頻出-🖉

60歳以後の賃金が低下したときに、一定期間支給されます。

	高年齢雇用継続基本給付金	高年齢再就職給付金
	基本手当を受給しないで60歳以後も勤めている	基本手当を100日以上残して再就職した
支給要件	・雇用保険の被保険者期間が5年以上あること ・原則として60歳到達時の賃金に比べて**75%**未満の賃金で、雇用保険の被保険者として働いていること	
支給額	最大で60歳以後の賃金の15※%	

※ 令和7年4月より10%の予定

(4)育児休業給付

支給要件	1歳(一定の場合は、1歳2カ月または1歳6カ月・最長2歳)未満の子を養育するため休業していること
支給額	$\dfrac{\text{休業開始時}}{\text{賃金日額}} \times \dfrac{\text{支給}}{\text{日数}} \times$ | 休業開始から180日まで67% | 休業開始から181日以降50%

---

7 公的年金 重要度 A

1 年金制度の概要

①年金制度の体系と国民年金の被保険者、保険料 頻出-🖉

20歳以上60歳未満のすべての人は、国民年金の強制加入者とされます(基礎年金制度)。国民年金の被保険者は、職業などにより3つに分かれています。なお、会社員・公務員などは、これに加えて厚生年金保険に加入します。

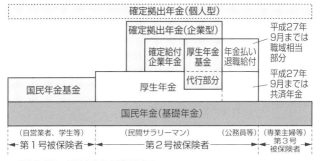

* 公的年金は、国民年金および厚生年金

	第1号 被保険者	第2号 被保険者	第3号 被保険者
対象者	20歳以上60歳未満の国内居住の第2号、第3号以外の者 （自営業・学生等）	厚生年金保険の被保険者[1] （会社員・公務員等）	第2号に扶養される配偶者で20歳以上60歳未満の原則として国内居住者 （専業主婦等）
手続き	市区町村役場	勤務先	配偶者の勤務先
保険料	・月額16,980円[2] ・納付期限：翌月末 ・時効：2年	厚生年金保険料から拠出されているので、国民年金の保険料を個別に払う必要はない	

※1 65歳以上の者は、老齢年金の受給権がない場合のみ、第2号被保険者となる
※2 令和6年度額

第1号被保険者には老齢基礎年金に上乗せする付加年金制度があります（任意）。
付加保険料は月額400円です。
付加年金は年額200円×納付月数となります（物価スライドはありません）。

②厚生年金保険の被保険者と保険料

被保険者	適用事業所で働く70歳未満の一定の従業員および役員
保険料	・原則、労使折半負担 　月給（標準報酬月額） 　賞与（標準賞与額）｝×保険料率（18.3%） ・第3号被保険者の有無による保険料の違いはない ・3歳未満の子を養育するための育児休業中、産前産後休業中の厚生年金保険および健康保険の保険料は、事業主の届出により事業主・被保険者ともに免除される

* パートタイマー等の短時間労働者は、1週間の労働時間および1カ月の労働日数が一般社員の4分の3以上の場合は、厚生年金保険・健康保険の被保険者となる。なお、4分の3未満であっても、従業員101人（令和6年10月以降は51人）以上の企業の場合、①2カ月超の雇用見込み、②週20時間以上の勤務、③月額賃金8.8万円以上および学生ではない場合は、被保険者となる

③国民年金の保険料免除制度 　頻出　✍

　第1号被保険者には、保険料を納めることが困難な人等のために保険料免除制度が設けられています。

	法定免除	申請免除	納付猶予	学生納付特例
対象者、条件等	2級以上の障害年金、生活保護の生活扶助受給者	所得の状況等により4種類(P.31の(2)年金額を参照)	50歳未満	〔学　生〕
所得審査の対象者	な　し	本人・配偶者・世帯主	本人・配偶者	本　人
受給資格期間には?	〔○〕算入される			
老齢基礎年金額には?	〔△〕一部反映される		〔×〕反映されない	
保険料の追納	免除および猶予された保険料は、過去10年以内であればさかのぼって納めることができる(追納)			

＊ 上記の免除以外に、出産するときは、原則として出産予定月の前月から4カ月間、所得に関係なく保険料が免除される(産前産後期間の免除)。当該期間は「保険料納付済期間」として扱われる

2 老齢年金

①老齢基礎年金

　老齢基礎年金は、受給資格期間(老齢年金を受給するために必要な一定期間)を満たすと、65歳から支給されます。

(1)受給資格期間 　頻出　✍

保険料納付済期間＋保険料免除期間＋合算対象期間[※1](カラ期間)＝10年以上(原則)[※2]

※1 受給資格期間には算入されるが、年金額には反映されない期間
※2 平成29年8月から、25年から10年に短縮された

(2)**年金額**

$$816{,}000円^{※1} \times \frac{\text{保険料納付済月数}^{※2} + \text{免除月数} \times \text{免除の種類に応じた割合}^{※3}}{480月(40年)}$$

（満額の老齢基礎年金 816,000円※1）

※1 令和6年度額　昭和31年4月1日以前生まれの者は813,700円。障害基礎年金・遺族基礎年金も同じ
※2 国民年金2号期間のうち、保険料納付済月数にカウントされるのは、20歳～60歳までの期間
※3 免除の種類に応じた割合
　・全額免除・・・1/2(1/3)　・半額免除・・・3/4(2/3)
　・4分の3免除・5/8(1/2)　・4分の1免除・7/8(5/6)
　( )内は平成21年3月以前にある免除期間の割合

〈夫婦で受給する老齢年金のイメージ〉

●本人

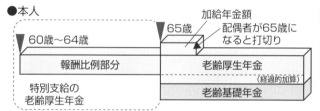

●配偶者

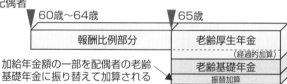

②**老齢厚生年金**

(1)**受給要件** 頻出

老齢厚生年金には、次ページのように65歳前の「**特別支給の老齢厚生年金**」と65歳以後の「**(本来支給の)老齢厚生年金**」があります。

	特別支給の老齢厚生年金	老齢厚生年金
受給資格期間	老齢基礎年金と同様10年以上	
厚生年金の加入期間	1年以上	1カ月以上
支給開始年齢	生年月日ごと	65歳

(2)支給開始年齢

特別支給の老齢厚生年金

	60歳		65歳
(男) 昭和16.4.1以前生まれ		報酬比例部分	老齢厚生年金
(女) 昭和21.4.1以前生まれ		定額部分	老齢基礎年金
(男) 昭和16.4.2～昭和18.4.1		報酬比例部分	老齢厚生年金
(女) 昭和21.4.2～昭和23.4.1	61歳	定額部分	老齢基礎年金
(男) 昭和18.4.2～昭和20.4.1		報酬比例部分	老齢厚生年金
(女) 昭和23.4.2～昭和25.4.1	62歳	定額部分	老齢基礎年金
(男) 昭和20.4.2～昭和22.4.1		報酬比例部分	老齢厚生年金
(女) 昭和25.4.2～昭和27.4.1	63歳	定額部分	老齢基礎年金
(男) 昭和22.4.2～昭和24.4.1		報酬比例部分	老齢厚生年金
(女) 昭和27.4.2～昭和29.4.1	64歳	定額	老齢基礎年金
(男) 昭和24.4.2～昭和28.4.1		報酬比例部分	老齢厚生年金
(女) 昭和29.4.2～昭和33.4.1			老齢基礎年金
(男) 昭和28.4.2～昭和30.4.1	61歳	報酬比例部分	老齢厚生年金
(女) 昭和33.4.2～昭和35.4.1			老齢基礎年金
(男) 昭和30.4.2～昭和32.4.1	62歳	報酬比例部分	老齢厚生年金
(女) 昭和35.4.2～昭和37.4.1			老齢基礎年金
(男) 昭和32.4.2～昭和34.4.1	63歳	報酬比例部分	老齢厚生年金
(女) 昭和37.4.2～昭和39.4.1			老齢基礎年金
(男) 昭和34.4.2～昭和36.4.1	64歳	比例	老齢厚生年金
(女) 昭和39.4.2～昭和41.4.1			老齢基礎年金
(男) 昭和36(1961).4.2以後生まれ			老齢厚生年金
(女) 昭和41(1966).4.2以後生まれ			老齢基礎年金

＊ 共済期間のある女性は、男性と同じ生年月日による
＊ 特別支給の老齢厚生年金の定額部分の支給開始年齢の引き上げは、すでに終了している

(3)年金額

●定額部分

厚生年金加入1カ月あたりの「単価」と「加入月数」に基づく額

> 令和6年度の定額単価　生年月日ごとの乗率　　上限480月
> 1,701円 × 1.000〜1.875 × 加入月数

●報酬比例部分 実技

厚生年金加入中の「平均報酬額」と「加入月数」に基づく額

> ①+②
> 現年度ベースの再評価　　　生年月日ごとの乗率
> ①平均標準報酬月額×7.125〜9.500/1000×平成15.3
> 以前の加入月数
> 現年度ベースの再評価　　　　生年月日ごとの乗率
> ②平均標準報酬額　×5.481〜7.308/1000×平成15.4
> 以後の加入月数

●経過的加算

定額部分と厚生年金加入期間に基づく老齢基礎年金との差額
（P.31の〈夫婦で受給する老齢年金のイメージ〉参照）

●加給年金額と（老齢基礎年金の）振替加算 頻出

〈加給年金額〉

受給要件	厚生年金保険の加入期間が20年以上の老齢厚生年金受給権者に、**生計維持**関係にある以下の家族がいること
加給対象者	65歳未満の配偶者。18歳到達年度の末日までの子、または20歳未満で障害等級1級・2級の障害状態にある子
支給額	配偶者：408,100円（234,800円＋特別加算〈昭和18年4月2日以後生まれの受給権者の場合〉） 子：2人目まで1人あたり 234,800円 　3人目以降は1人あたり78,300円

* 金額はいずれも令和6年度額

〈振替加算〉

特　徴	配偶者加給年金はその対象者（配偶者）が**65歳**になると打ち切られるが、昭和41年4月1日以前生まれの配偶者には、その一部が**老齢基礎年金**に加算される（P.31参照）

●在職定時改定

65歳以上の在職中の老齢厚生年金受給権者について、毎年1回、厚生年金保険の加入期間を追加。10月に年金額が改定される

③ **在職老齢年金**

老齢厚生年金を受給している人が、厚生年金保険の被保険者として勤めていると、給与(月給と賞与)に応じて、老齢厚生年金の**全部あるいは一部が支給停止**されることがあります。これを「**在職老齢年金**」といいます。

〈在職老齢年金の対象部分〉

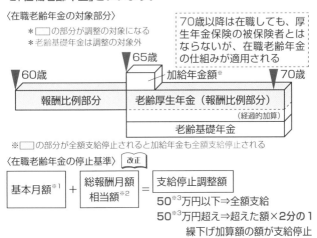

> * □ の部分が調整の対象になる
> * 老齢基礎年金は調整の対象外

70歳以降は在職しても、厚生年金保険の被保険者とはならないが、在職老齢年金の仕組みが適用される

※ □ の部分が全額支給停止されると加給年金も全額支給停止される

〈在職老齢年金の停止基準〉 改正

$$\boxed{基本月額^{※1}} + \boxed{総報酬月額\\相当額^{※2}} = \boxed{支給停止調整額}$$

50※3万円以下⇒全額支給
50※3万円超え⇒超えた額×2分の1
繰下げ加算額の額が支給停止

※1 老齢厚生年金の額(加給年金額、65歳以降の経過的加算、繰下げ加算額を除く)÷12
※2 その月の標準報酬月額+その月以前1年間の標準賞与額の総額÷12
※3 令和6年度額 毎年度見直される

④ **老齢年金の繰上げ・繰下げ** 頻出 ◎

本来65歳から支給される老齢年金を、60歳から64歳の間に繰り上げ、また66歳以降に繰り下げて受給できます。

〈減額率・増額率〉

（繰上げ受給）　　　　　　　　　　　（繰下げ受給）

60歳0カ月～64歳11カ月	65歳	66歳0カ月～75歳※2
減額率：1カ月ごと0.4%※1 （最大24%減額） 76%～99.6% 老齢基礎年金と老齢厚生年金を同時に繰上げなければならない	100%	増額率：1カ月ごと0.7% （最大84%増額） 108.4%～184% 老齢基礎年金と老齢厚生年金を同時に繰下げる必要はない（片方だけも可能）

※1 昭和37年4月1日以前生まれの者は0.5%
※2 昭和27年4月1日以前生まれの者は70歳

繰上げ受給した場合は年金額が減額、繰下げ受給した場合は年金額が増額され、減額・増額は一生涯続きます。

③障害年金

①受給要件

障害年金は、障害のもととなった病気やケガで、はじめて医師の診療を受けた日(初診日)に加入していた制度から支給されますが、次の3つの要件すべてを満たす必要があります。

	障害基礎年金	障害厚生年金
初診日要件	国民年金の被保険者※	厚生年金保険の被保険者
保険料納付要件 〔頻出〕	・初診日の前日において、初診日のある月の前々月までの国民年金の被保険者期間のうち、「保険料納付済期間＋保険料免除期間」が3分の2以上あること ・上記の3分の2に満たないときは、直近の1年間に保険料の未納がないこと(65歳未満に限る)	
障害等級要件	障害認定日(初診日から1年6カ月経過日、またはその期間内に障害が固定した日)において	
	1級または2級	1級・2級・3級

※ 初診日に国民年金の被保険者でなくても、被保険者であった国内居住者で60歳以上65歳未満の間に初診日があれば初診日要件に該当する

②年金額

	障害基礎年金	障害厚生年金
1級	816,000円×1.25 ＋子の加算額	報酬比例※×1.25 ＋配偶者の加給年金額
2級	816,000円 ＋子の加算額	報酬比例※(P.33参照) ＋配偶者の加給年金額
3級	—	報酬比例※(最低保障あり)
加算加給	P.33の加算の要件、支給額と同じ	・65歳未満の配偶者 ・234,800円(特別加算なし)

※ 被保険者期間が300月未満のときは300月として計算
＊ 年金額、加算額はいずれも令和6年度額

35

④遺族年金

①受給要件

遺族年金には、国民年金の遺族基礎年金および厚生年金保険の遺族厚生年金があります。それぞれ下記の被保険者などが死亡したときに、死亡者と**生計維持**関係にある遺族に支給される年金です。

下記の表内にある遺族厚生年金の①～③を短期要件、④を長期要件といい、年金額の計算などが異なります。

〈死亡者の要件〉

遺族基礎年金	遺族厚生年金
①国民年金の被保険者 ②国民年金の被保険者であった国内居住の60歳以上65歳未満の者 ③老齢基礎年金の受給権者※または受給資格期間※を満たす者	①厚生年金保険の被保険者 ②厚生年金保険の資格を喪失後、被保険者であった間に初診日がある傷病が原因で、**初診日から5年以内の者** ③障害等級1級または2級の障害状態にある障害厚生年金の受給権者 ④老齢厚生年金の受給権者※または受給資格期間※を満たす者

※ 保険料納付済期間と保険料免除期間等を合算した期間が25年以上あること

* 遺族基礎年金・遺族厚生年金いずれも、①と②については保険料納付要件が必要（P.35の保険料納付要件の「初診日」を「死亡日」とする）

〈遺族の要件〉 **頻出**

遺族基礎年金	遺族厚生年金	
①**子のある配偶者**または子 配偶者は子と生計同一であること	①配偶者および子 ②父母 ③孫 ④祖父母	もっとも順位が高い者だけが受給できる

* 子・孫は18歳到達年度の末日まで、または20歳未満で障害等級1級・2級の障害状態にあること
* 遺族厚生年金の配偶者のうち、夫および父母・祖父母は、死亡当時55歳以上であること。ただし、支給開始は60歳から（遺族基礎年金の受給権がある夫を除く）
* 夫死亡時に30歳未満で子がない妻に対する遺族厚生年金は、夫死亡から5年間しか支給されない

②年金額 頻出

遺族基礎年金	遺族厚生年金
816,000円＋子の加算額	報酬比例×3/4
〈加算額および対象となる子〉 P.33の加算の要件、支給額と同じ	〈短期要件〉 ・300月として計算 〈長期要件〉 ・実際の加入期間で計算

* 年金額・加算額は令和6年度額

> 遺族基礎年金の年金額は、死亡者の保険料の納付期間などにかかわらず定額ですが、遺族厚生年金の年金額は、厚生年金保険の加入期間などにより異なります。

③中高齢寡婦加算と経過的寡婦加算 実技

中高齢寡婦加算	一定要件に該当する夫が死亡したときに、40歳以上65歳未満などの妻が受給する遺族厚生年金には、妻が65歳になるまでの間、中高齢寡婦加算が加算される。加算額は、612,000円
経過的寡婦加算	中高齢寡婦加算に該当する昭和31年4月1日以前生まれの妻に対して、65歳以後の遺族厚生年金に生年月日に応じた一定額が加算される

* 金額は令和6年度額

〈遺族年金の支給例〉
●夫死亡時に40歳未満で子がある妻

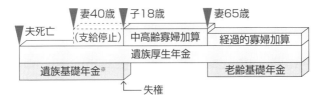

※ 遺族基礎年金が支給されている間、中高齢寡婦加算は支給停止される

④第1号被保険者の死亡に対する国民年金の独自給付

　国民年金の第1号被保険者期間がある人が、老齢基礎年金等を受給しないまま死亡したときに支給される給付です。

	寡婦年金	死亡一時金
死亡者の要件	第1号被保険者としての保険料納付済期間＋保険料免除期間＝10年以上	第1号被保険者としての保険料納付済期間等が3年以上
受給者	婚姻期間が10年以上ある妻	〔一定の遺族〕
支給期間	60歳から65歳になるまで	一時金
支給額	第1号期間に基づく老齢基礎年金の4分の3	保険料納付済期間等に応じた一定額

＊ 寡婦年金と死亡一時金の両方を受けられる場合には、どちらかを選択する

---

8 企業年金　　　　重要度 **B**

　企業年金には、確定給付型と確定拠出型があります。

　確定給付型は、先に給付額を決め、それによって掛金を算定し、確定拠出型は、先に掛金額を決め、給付額は運用結果により変動します。

1 確定拠出年金 頻出

		個人型DC[1]（愛称iDeCo）	企業型DC[1]
加入対象者		・国民年金第1号被保険者[2] ・厚生年金保険の被保険者である国民年金第2号被保険者 ・国民年金第3号被保険者 ・65歳未満の一部の国民年金の任意加入被保険者	実施企業に勤める会社の従業員（公務員を除く70歳未満の厚生年金保険の被保険者）
掛　金		年1回以上、定期的に拠出	
		加入者が拠出する	事業主が拠出する[3]
運　用		運用指図は、加入者が自己責任で行う	
税制	掛金	加入者：小規模企業共済等掛金控除　　企業：全額損金算入	
	給付	老齢給付：年金…雑所得（公的年金等控除の適用あり） 　　　　　：一時金…退職所得	

※1 確定拠出年金の略
※2 原則として保険料免除者を除く
※3 規約に定めればマッチング拠出(P.53、A44の解説参照)が可能
* マッチング拠出を実施している企業型DCの加入者は、マッチング拠出か個人型DCに加入するかを選択できる

<拠出限度額(年額)> 改正

個人型		国民年金第1号被保険者	81.6万円(国民年金基金の掛金と合算)
		国民年金第3号被保険者	27.6万円
	厚生年金被保険者	厚生年金被保険者で下記以外の者	27.6万円
		企業型DCの加入者	24万円[※1, 2]
		企業型DC+確定給付型企業年金の加入者	14.4万円[※1, 2]
		・確定給付型企業年金の加入者 ・公務員	14.4万円[※2]
企業型		確定給付型の企業年金なし	66万円[※3]
		確定給付型の企業年金あり	33万円[※3]

※1 月額上限2万円(企業型DC+確定給付型企業年金の加入者は1.2万円)かつ企業型DC掛金と合計して5.5万円(2.75万円)
※2 令和6年12月から、月額上限2万円かつ事業主の掛金(企業型DC掛金および確定給付型企業年金など他制度掛金)との合計が5.5万円以内
※3 令和6年12月から、他制度掛金と合計して月額上限5.5万円以内

② 自営業者などの年金

	国民年金基金[※1]	小規模企業共済
対象者	国民年金第1号被保険者(免除者などを除く)、または65歳未満の一部の国民年金の任意加入者	従業員20人(商業・サービス業は5人)以下の個人事業主または会社等の役員、一定要件を満たす共同経営者
掛金	個人型確定拠出年金の掛金と合算して月額68,000円まで[※2]	・月額1,000円～70,000円 ・500円刻み
掛金税制	**社会保険料控除**	**小規模企業共済等掛金控除**

※1 国民年金基金の加入員となった場合は、国民年金の付加保険料(29ページ)を納付することはできない
※2 掛金の額は、加入時の年齢、選択した給付の型や加入口数によって異なる

1 ファイナンシャル・プランニングの基礎知識　／4

Q〈01〉 弁護士でないFPが、顧客から相続の相談を受け、個別具体的な対策を答えた。

Q〈02〉 社会保険労務士資格を有していないFPが、顧客の公的年金の受給見込み額を試算し、報酬を得て請求手続の代行を行った。

Q〈03〉 FPは無償であれば相続税申告書の税金計算の代行をすることができる。

Q〈04〉 FPが投資判断の前提となる基礎資料を顧客に提示することは、金融商品取引法上とくに問題はない。

2 ライフプラン策定上の資金計画　／3

Q〈05〉 可処分所得は、収入から社会保険料と所得税・住民税、財形貯蓄を控除したものである。

Q〈06〉 キャッシュフロー表に記入する金額は、物価変動等が予測されるので、その変動を加味した将来価値で表す。

 過去問チェック! [2020-1]

Q ファイナンシャル・プランナーは、顧客の依頼を受けたとしても、公正証書遺言の作成時に証人となることはできない。

🗝 **勉強のコツ❶**

第1章は学習範囲が広く、覚えなければならないことが多くありますが、内容は身近な話題です。自分の生活に置き換えると、理解しやすくなります。

A〈01〉 ✕ 弁護士でないFPが、具体的な法律判断をくだすことは<u>できない</u>。

A〈02〉 頻出 ✕ 社会保険労務士資格のないFPは、公的年金の請求手続きの代行を行うことは<u>できない</u>。

A〈03〉 頻出 ✕ 税理士資格のないFPが税務書類の作成を代行することは、<u>有償・無償を問わず</u>行うことができない。
（ひっかけ）

A〈04〉 ◯ 投資助言・代理業の登録をしていないFPでも、投資判断の前提となる<u>基礎資料</u>を顧客に提示することはできる。助言は法に抵触する恐れが<u>ある</u>。

A〈05〉 ✕ 可処分所得は、収入から社会保険料と税金（<u>所得税・住民税</u>）を控除したものである。財形貯蓄は控除しない。

A〈06〉 ◯ キャッシュフロー表に記入する金額は、<u>変動率</u>を加味した将来価値の数字を用いる。変動率はゼロやマイナスのケースもあり得る。

 ✕ 次の者以外は証人になれる。①未成年者②推定相続人・受遺者とこれらの配偶者および直系血族③公証人の配偶者および四親等内の親族・書記および使用人。

Q〈07〉 現在価値で年間200万円の生活費の7年後の金額を、変動率を1%として計算する際に係数を利用する場合は、資本回収係数を利用する。

3 教育資金設計

Q〈08〉 日本学生支援機構の奨学金は、返済義務のある貸与型奨学金のみである。

Q〈09〉 「教育一般貸付(国の教育ローン)」の融資額は、学生・生徒1人につき200万円以内、返済期間は原則として15年以内である。

4 住宅資金設計

Q〈10〉 フラット35は、住宅金融支援機構に申し込む。

Q〈11〉 住宅ローンの繰上げ返済で、毎月の返済額はそのままで返済期間を短縮する方法は、「返済額軽減型」である。

5 その他のローンとカード

Q〈12〉 デビットカードは買い物の代金を金融機関のキャッシュカードで支払うもので、後払いで決済ができる。

過去問チェック! [2020-9]

Q 住宅を取得する際に長期固定金利住宅ローンのフラット35(買取型)を利用するためには、当該住宅の建設費または購入価額が消費税相当額を含めて1億円以下である必要がある。

A 07 ✕ 収入や物価などが一定利率で上昇するとした場合の将来の金額は、終価係数を用いて求める。

A 08 ✕ 返還不要の給付型奨学金制度もある。

A 09 ✕ 融資額は学生・生徒1人につき350万円(一定の条件を満たす場合450万円)以内である。返済期間は原則18年以内である。

A 10 ✕ 申込み窓口は、取扱金融機関である。

A 11 ✕ 毎月の返済額はそのままで、返済期間を短縮するのは期間短縮型である。返済額軽減型は、返済期間はそのままで毎月の返済額を少なくする方法である。

A 12 ✕ デビットカードはキャッシュカードを使い、ショッピングなどの利用代金が利用者の口座から利用と同時に引き落とされる。店頭では暗証番号を入力する。

A ✕ フラット35の借入額は8,000万円以下で建設費または購入価額以内であるが、建設費や購入価額の上限額はない。

43

6 社会保険

　／15

Q⟨13⟩ □□□ 健康保険は、業務外の事由による病気やケガなどに対して保険給付が行われる制度である。

Q⟨14⟩ □□□ 医療費の自己負担割合は、年齢にかかわらずかかった費用の3割である。

Q⟨15⟩ □□□ 配偶者や子が加入している健康保険の被扶養者になるためには、主として被保険者の収入により生計を維持されているなど一定の要件を満たす必要がある。

Q⟨16⟩ □□□ 健康保険の傷病手当金を受けるためには、病気やケガの療養のために会社を休んだ日が3日間連続することが必要であり、4日目以降に支給される。

Q⟨17⟩ □□□ 健康保険の傷病手当金の支給期間は、支給を開始した日から通算して最長で2年間である。

Q⟨18⟩ □□□ 健康保険の任意継続被保険者になるためには、資格を喪失した日から30日以内に申し出なければならない。

Q⟨19⟩ □□□ 健康保険の被保険者・被扶養者を除いた75歳未満の人は、原則として都道府県および市区町村が保険者となって運営する国民健康保険の被保険者となる。

📄 **過去問チェック!** [2021-9]

Q 全国健康保険協会管掌健康保険に任意継続被保険者として加入することができる期間は、任意継続被保険者となった日から最長で2年間である。

A〈13〉 ○ （ひっかけ）
健康保険は、業務外の病気やケガなどに対して保険給付を行う。業務上の病気やケガなどに対しては、労災保険から保険給付が行われる。

A〈14〉 × 頻出
医療費の自己負担割合は、義務教育就学前は2割、義務教育就学以後70歳未満は3割、70歳以上75歳未満は2割、一定以上所得者は3割である。

A〈15〉 ○
健康保険の被扶養者になれるのは、主として被保険者の収入で生計維持されている国内居住の一定の親族である。具体的には、被扶養者になる人の年間収入が、被保険者と同一世帯の場合、130万円（60歳以上または障害者は180万円）未満で、かつ、被保険者の年収の2分の1未満であることである。

A〈16〉 ○ 頻出
傷病手当金は、療養のために連続して3日間会社を休んだ後、4日目以降の休んだ日について支給される。

A〈17〉 ×
傷病手当金の支給期間は、同一の傷病に関して、支給開始日から通算して1年6カ月間である。

A〈18〉 × 頻出
任意継続被保険者の手続きは、資格を喪失した日（退職日の翌日）から20日以内に行わなければならない。

A〈19〉 ○
都道府県の区域内に住所を有する75歳未満の人は、健康保険の被保険者・被扶養者等を除いて、都道府県および市区町村が保険者である国民健康保険の被保険者となる。

A ○
任意継続被保険者として加入できる期間は、最長で2年間である。なお、本人の申出により中途脱退することができる。

Q⟨20⟩ 介護保険の第2号被保険者は、40歳以上65歳未満の医療保険加入者とされる。
☐☐☐

Q⟨21⟩ 介護保険による介護サービスを受けた者は、利用限度額の範囲内であれば所得にかかわらず、一律でかかった費用（食費・居住費などを除く）の1割を負担する。
☐☐☐

Q⟨22⟩ 労災保険は、アルバイトやパートタイマーにも適用される。
☐☐☐

Q⟨23⟩ 労災保険の保険料は、労働者と事業主との折半負担である。
☐☐☐

Q⟨24⟩ パートタイマーは、雇用保険の被保険者にはならない。
☐☐☐

Q⟨25⟩ 雇用保険の基本手当を受給するには、原則として離職の日以前の1年間に、被保険者期間が通算して6カ月以上なければならない。
☐☐☐

Q⟨26⟩ 雇用保険の基本手当の所定給付日数（基本手当を受けられる日数）は、定年退職の場合、雇用保険の加入期間に応じて定められている。
☐☐☐

📄 **過去問チェック！** ［2023-5（加工）］

Q 後期高齢者医療制度の被保険者は、後期高齢者医療広域連合の区域内に住所を有する75歳以上の者、または65歳以上75歳未満の者であって一定の障害の状態にある旨の認定を受けたものである。

A〈20〉 ○ 頻出
介護保険の被保険者は、年齢によって区分され、65歳以上の者が第1号被保険者、40歳以上65歳未満の医療保険加入者が第2号被保険者となる。

A〈21〉 × 頻出
介護保険の利用者負担は原則1割。ただし65歳以上の一定以上所得者は、所得に応じて2割または3割。ケアプラン作成費は無料。なお、施設サービスを利用した場合、食費や居住費は利用者負担となる。

A〈22〉 ○
労災保険は、正社員はもとより、アルバイトやパートタイマーなど雇用形態を問わず、適用事業で働くすべての労働者に適用される。

A〈23〉 × 頻出
労災保険の保険料は、全額事業主負担である。
（ひっかけ）

A〈24〉 ×
パートタイマーや派遣労働者であっても、1週間の所定労働時間が20時間以上、かつ31日以上の雇用見込がある場合は、雇用保険の被保険者とされる。

A〈25〉 × 頻出
基本手当を受けるには、原則として離職の日以前2年間に、被保険者期間が通算して12カ月以上あること等の要件を満たす必要がある。

A〈26〉 ○
〈自己都合や定年による離職〉

雇用保険加入期間	10年未満	10年以上20年未満	20年以上
所定給付日数	90日	120日	150日

設問のとおり。なお、65歳以上の者（高年齢被保険者）が離職したときは、基本手当ではなく、高年齢求職者給付金として、最大で基本手当日額の50日分が一時金で支給される。

75歳（一定の障害状態にある人は65歳）になると、国民健康保険や健康保険の加入資格を喪失し、後期高齢者医療制度の被保険者となる。

Q⟨27⟩ ☐☐☐ 高年齢雇用継続給付は、60歳以後の各月の賃金が60歳到達時点の賃金と比べて85%未満に低下した場合に支給される。

7 公的年金 /15

Q⟨28⟩ ☐☐☐ 厚生年金保険の被保険者は、原則として同時に国民年金の被保険者とされる。

Q⟨29⟩ ☐☐☐ 国民年金の第1号被保険者は、20歳以上65歳未満の日本国内に住んでいる自営業者や学生などである。

Q⟨30⟩ ☐☐☐ 国民年金の第1号被保険者は、国民年金の定額保険料に加えて月額400円の付加保険料を納付することで、老齢基礎年金の受給時に付加年金を受給することができる。

Q⟨31⟩ ☐☐☐ 国民年金の第1号被保険者である学生は、本人および配偶者ならびに世帯主の所得が一定額以下の場合、在学中の保険料の納付が猶予される学生納付特例制度の適用を受けることができる。

Q⟨32⟩ ☐☐☐ 国民年金保険料の学生納付特例が適用された期間は、老齢基礎年金の年金額に反映される。

 過去問チェック! [2021-5]

Q 国民年金の第1号被保険者の収入により生計を維持する配偶者で、20歳以上60歳未満の者は、国民年金の第3号被保険者となることができる。

A⟨27⟩ ✕
頻出

高年齢雇用継続給付は、60歳到達時の賃金と比べて、75％未満の賃金で働いている60歳以上65歳未満の雇用保険の被保険者に対して、最大で60歳以降の賃金の15％相当額が支給される制度である。

A⟨28⟩ ○

厚生年金保険の被保険者は、同時に国民年金の第2号被保険者とされる。国民年金は全国民共通の年金制度で、厚生年金保険は国民年金の上乗せ年金という位置付けにある。

A⟨29⟩ ✕
頻出

国民年金の第1号被保険者は、20歳以上60歳未満の日本国内に住んでいる第2号、第3号被保険者以外の者である。

ひっかけ

A⟨30⟩ ○
頻出

（ひっかけ）
付加年金は、国民年金の定額保険料に加えて月額400円の付加保険料を納付した場合、老齢基礎年金に上乗せして支給される。付加年金の額（年額）は「200円×付加保険料納付月数」で計算する。物価スライドはない。

A⟨31⟩ ✕

学生納付特例の所得審査の対象者は、学生本人のみで家族（配偶者・世帯主）の所得は問わない。

ひっかけ

A⟨32⟩ ✕
頻出

学生納付特例および納付猶予が適用された期間は、追納しない場合、老齢基礎年金の10年の受給資格期間には算入されるが、年金額には反映されない。一方、法定免除や申請免除の期間については、受給資格期間・年金額ともに算入・反映される。

A ✕

国民年金の第3号被保険者は、第2号被保険者（会社員・公務員等）に扶養（生計維持）される配偶者で、20歳以上60歳未満の原則として国内居住の者である。

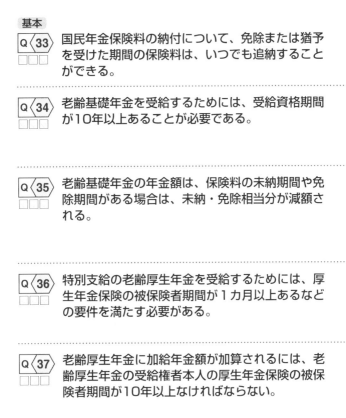

Q〈33〉 国民年金保険料の納付について、免除または猶予を受けた期間の保険料は、いつでも追納することができる。

Q〈34〉 老齢基礎年金を受給するためには、受給資格期間が10年以上あることが必要である。

Q〈35〉 老齢基礎年金の年金額は、保険料の未納期間や免除期間がある場合は、未納・免除相当分が減額される。

Q〈36〉 特別支給の老齢厚生年金を受給するためには、厚生年金保険の被保険者期間が1カ月以上あるなどの要件を満たす必要がある。

Q〈37〉 老齢厚生年金に加給年金額が加算されるには、老齢厚生年金の受給権者本人の厚生年金保険の被保険者期間が10年以上なければならない。

Q〈38〉 老齢厚生年金の受給権者が、厚生年金保険の被保険者として働く場合、在職老齢年金の仕組みが適用され、老齢厚生年金の全部または一部が支給停止されることがある。

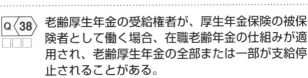

過去問チェック! [2022-9]

Q 老齢基礎年金および老齢厚生年金を繰り下げて受給した場合には、一生涯増額された年金を受給することになる。

× 免除・猶予された期間の保険料については、過去10年分までさかのぼって納付することができる（追納）。

 ○ 老齢基礎年金は、受給資格期間（保険料納付済期間、保険料免除期間および合算対象期間を合わせた期間）が10※年以上ある場合に、65歳から支給される。

※ 平成29年8月から25年が10年に短縮された

 ○ 老齢基礎年金は、20歳から60歳になるまでの40年間の全期間が保険料納付済期間の場合は、満額の816,000円/年（令和6年度額）が支給され、保険料の未納期間や免除期間がある場合は、未納・免除相当分が減額される。

〔ひっかけ〕

 × 厚生年金保険の被保険者期間が1年以上あり、かつ、老齢基礎年金の受給資格期間を満たす場合は、生年月日に応じた年齢（60〜64歳）から、特別支給の老齢厚生年金を受給することができる。

 × 加給年金額は、老齢厚生年金の額の計算の基礎となる厚生年金保険の被保険者期間が、原則として20年以上あり、所定の要件を満たす配偶者や子がいるときに加算される。

 ○ 老齢厚生年金の受給権者が、厚生年金保険の被保険者として勤めると、給与（賞与を含む）に応じて老齢厚生年金の全部または一部が支給停止される。これを在職老齢年金という。

 ○ 老齢年金を繰下げ受給すると年金額は増額され、繰上げ受給すると年金額は減額される。増額・減額は生涯にわたって続き、取消や変更はできない。

51

基本

Q〈39〉
老齢年金を繰り上げて受給した場合、年金額は繰上げ月数1カ月あたり0.7%の割合で減額される。

Q〈40〉
障害等級1級の障害基礎年金の年金額は、障害等級2級の年金額の150%に相当する額である。

Q〈41〉
遺族基礎年金を受給できる遺族は、「子のある配偶者」または「子」である。

Q〈42〉
遺族厚生年金の年金額は、死亡した者の厚生年金保険の加入記録を基礎として計算した老齢厚生年金の報酬比例部分の額の3分の2相当額である。

8 企業年金

/3

Q〈43〉
確定拠出年金では、加入者自身が掛金の運用指図を行い、その運用に係るリスクは加入者が負う。

Q〈44〉
企業型確定拠出年金の掛金の拠出は、事業主に限られ、従業員（加入者）は拠出できない。

Q〈45〉
確定拠出年金において、加入者自身が拠出した掛金は、社会保険料控除として所得控除の対象となる。

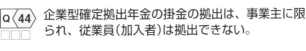

過去問チェック！［2022-5（加工）］

Q 国民年金の第3号被保険者は、確定拠出年金の個人型年金に加入することができる。

A⟨39⟩ 頻出 ✕ 繰上げ受給による年金の減額率は、繰り上げた月数1カ月あたり0.4%(最大24%)である。なお、付加年金が支給される場合は、付加年金も繰り上げて減額されて支給される。

A⟨40⟩ 頻出 ✕ 障害等級1級の障害基礎年金の年金額は、障害等級2級の年金額の125%相当額である。 ← ひっかけ

A⟨41⟩ 頻出 ◯ 遺族基礎年金を受給できる遺族とは、一定要件を満たした「子のある配偶者」または「子」に限られる。 ← ひっかけ

A⟨42⟩ 頻出 ✕ 遺族厚生年金の年金額は、死亡した者の厚生年金保険の加入記録に基づく老齢厚生年金の報酬比例部分の額の4分の3相当額である。なお、死亡した者が ← ひっかけ 短期要件(P.36)に該当するときは、被保険者期間が300月に満たない場合、300月あるものとして計算する。

A⟨43⟩ ◯ 確定拠出年金は、加入者自らが掛金の運用指図を行い、運用結果に応じて給付額が変動するリスクも加入者が負う。

A⟨44⟩ ✕ 企業型確定拠出年金の掛金は、事業主が拠出するが、規約で定めれば、事業主掛金と同額まで、かつ事業主掛金と合算して限度額(令和6年12月から、月額5.5万円から他制度掛金を控除した額)の範囲内で従業員も掛金を拠出できる(マッチング拠出)。

A⟨45⟩ 頻出 ✕ 加入者が拠出した確定拠出年金の掛金は、その全額が小規模企業共済等掛金控除として、所得控除の対象となる。

A ◯ 平成29年1月から、国民年金の第3号被保険者、公務員等も個人型確定拠出年金に加入することができるようになった。

53

1 ファイナンシャル・プランニングの基礎知識 　／4

Q01 無料相談であれば、FPはコミッションの高い金融商品を選んで紹介しても問題はない。

Q02 司法書士資格を有していないFPが、顧客からの求めに応じ、成年後見制度の任意後見人となる契約を締結した。

Q03 生命保険募集人の登録をしていないFPであっても、生命保険商品を組み入れたライフプランの提案を行うことはできる。

Q04 FPとして業務を行う者は、金融商品取引業者の登録を受けていなくても、金融商品取引法で定める投資助言業務を行うことができる。

2 ライフプラン策定上の資金計画 　／2

Q05 バランスシートの金額は、物価変動等が予想されるものについては、将来価値で表す。

Q06 毎年一定額を年利1%で複利運用しながら積み立てて、10年後に100万円を用意したいと考えている。毎年の積立額は、現価係数を乗じることで求めることができる。

過去問チェック! [2023-5(加工)]

Q 一定の利率で複利運用しながら一定期間、毎年一定金額を受け取るために必要な元本を試算する際、毎年受け取る一定金額に乗じる係数は、年金現価係数である。

🔑 勉強のコツ❷(実技編)

設例で公的年金の加入歴などが示され、受給できる年金の種類や金額などを問われる問題が出されます。

A⟨01⟩ ✕ FPは顧客の利益を優先すべきで、FP自身の利益を最優先すべきではない。

A⟨02⟩ ○ 任意後見人になるために、資格は特に必要ない。成
頻出 年後見制度とは、判断能力が不十分な人を、法律面や生活面で保護したり支援したりする制度である。

A⟨03⟩ ○ 生命保険募集人の登録をしていないFPでも、必要保障額を計算したり、生命保険証券の見方を説明したり、保険商品を組み入れたライフプランの提案はできる。ただし、募集行為はできない。 （ひっかけ）

A⟨04⟩ ✕ 投資助言業務を行う場合は、金融商品取引業者として内閣総理大臣の登録を受けることが必要である。

A⟨05⟩ ✕ バランスシートの金額は時価で表す。預貯金は元利合計額、生命保険は解約返戻金の額となる。

・・・・・・・・・・・（ひっかけ）・・・・・・・・・

A⟨06⟩ ✕ 毎年の積立額は、減債基金係数で求められる。現価
 係数は、将来の額を現在の額に引き直すときに用いる係数である。

A ○ 年金現価係数は、一定金額を年金として受け取るた
 めに必要な元本(現在価値)を計算するときに使う。

55

3 教育資金設計

Q 07
こども保険(学資保険)は、契約者が親で被保険者が子の場合、保険期間中に親が死亡したときに死亡保険金が支払われる。

Q 08
日本政策金融公庫の教育一般貸付(国の教育ローン)の資金使途は、入学金、授業料、施設設備費等の学校納付金に限られる。

4 住宅資金設計

Q 09
住宅ローンの返済方法において、元利均等返済方式と元金均等返済方式を比較した場合、返済期間や金利等のほかの条件が同一であれば、総返済額は元利均等返済方式の方が少ない。

Q 10
住宅ローンの借換えに、住宅金融支援機構のフラット35は利用できない。

Q 11
長期固定金利住宅ローンのフラット35(買取型)の融資金利は、ローン申込み時点の金利が適用される。

5 その他のローンとカード

Q 12
クレジットカードのリボルビング払いは、一般に、利用金額や件数にかかわらず、毎月一定の金額を返済していく。

> **過去問チェック!** [2021-9]
>
> **Q** 日本政策金融公庫の教育一般貸付(国の教育ローン)は、日本学生支援機構の奨学金制度と重複して利用することができない。

A⟨07⟩ ✕ こども保険(学資保険)は、<u>契約者</u>である親が死亡した場合は以後の保険料の払込みが免除され、<u>満期保険金</u>を受け取ることができる。契約によっては、育英年金や生存給付金等を受け取れる場合もある。

. . . .

A⟨08⟩ ✕ <u>学校納付金に限らず</u>、受験費用や在学のために必要となる住居費用等幅広く利用できる。

A⟨09⟩ ✕ 元金均等返済の方が、元利均等返済に比べて<u>元金の減少が早い</u>ため、利息を含めた総返済額は少なくなる。

. . . .

A⟨10⟩ ✕ 住宅金融支援機構の<u>フラット35</u>は、借換えにも利用できる。耐震性などに優れた住宅を購入する場合に金利が優遇される<u>フラット35S</u>は利用できない。

⌐────────⌐
　　　　　　　　　　（ひっかけ）

. . . .

A⟨11⟩ ✕ <u>融資実行時</u>の金利が適用される。

A⟨12⟩ 〇 リボルビング払いは、<u>未返済残高</u>に対して利息を計算するため、利用金額が増えれば返済期間が<u>延びる</u>ことになる。

A ✕ 重複して利用することが可能である。

57

6 社会保険 /16

Q‹13› □□□ 健康保険の保険料は、報酬(賞与を含む)に保険料率を掛けた額で、原則として事業主と被保険者との折半負担である。

Q‹14› □□□ 高額療養費とは、医療機関の窓口で1年間に支払った自己負担額が一定の限度額を超えた場合、後で請求することにより払い戻しされる制度をいう。

Q‹15› □□□ 傷病手当金は、病気やケガで入院している場合のみ受け取ることができる。

Q‹16› □□□ 傷病手当金の支給額は、休業1日につき標準報酬日額の4分の3相当額である。

Q‹17› □□□ 健康保険の被保険者または被扶養者が死亡したときは、一時金として3万円の埋葬料が支給される。

Q‹18› □□□ 任意継続被保険者の保険料は、全額自己負担である。

Q‹19› □□□ 都道府県および市区町村が運営する国民健康保険の保険料(税)は、市町村ごとに異なる。

 過去問チェック! [2022-1(加工)]

Q 全国健康保険協会管掌健康保険の被保険者が、産科医療補償制度に加入する医療機関で出産した場合の出産育児一時金の額は、1児につき50万円である。

A 13 ○ 健康保険の保険料（40歳以上65歳未満の人は介護保険料を含む）は、月給（標準報酬月額）および賞与（標準賞与額）に保険料率を掛けた額で、原則として事業主と被保険者との折半負担である。なお、被扶養者の保険料負担はない。

・・

A 14 ✕ 高額療養費は、同一月に同一の医療機関の窓口で支払った自己負担額（入院時の食事代や差額ベッド代などを除く）が、一定の限度額（自己負担限度額）を超えた場合、超えた額が給付される制度である。

・・

A 15 ✕ 傷病手当金の支給要件の"療養のため労働不能であること"とは、入院だけでなく、通院中の自宅療養も含まれる。

・・

A 16 ✕ 傷病手当金は、1日あたり次の額が支給される。

頻出

$$\boxed{\begin{array}{c}\text{支給開始日以前の}12\text{カ月間の各月の}\\\text{標準報酬月額の平均額の30分の1}\end{array}} \times \boxed{\text{3分の2}}$$

・・

A 17 ✕ 埋葬料は、一律5万円である。

・・

A 18 ○ 任意継続被保険者の保険料は全額自己負担であり、事業主の負担はない。なお、上限が設けられている。

・・

A 19 ○ 国民健康保険の保険料（税）は、都道府県が示す標準保険料率を参考に、市町村ごとに決定する。

A ○ 出産育児一時金は1児につき50万円が支給される。なお、産科医療補償制度に加入していない医療機関で出産した場合は、1児につき48.8万円である。

Q 20 後期高齢者医療制度の被保険者が、医療機関の窓口で支払う自己負担割合は、所得にかかわらず一律1割である。

Q 21 介護保険の保険料は、第1号被保険者、第2号被保険者ともに、医療保険の保険料とあわせて徴収される。

Q 22 介護保険は、第1号被保険者、第2号被保険者ともに、原因を問わず、要介護あるいは要支援と認定されたときに介護サービスを受けることができる。

Q 23 仕事中にケガをした労働者が、労災病院などで治療を受けるときの自己負担割合は、1割である。

Q 24 労災保険の障害補償給付は、労働者の業務上の負傷または疾病が治った後、一定の障害が残ったときに支給される。

Q 25 雇用保険の基本手当は、求職の申し込みをした日から失業している日が通算して7日を経過しないと支給されない。

過去問チェック！ [2020-9]

Q 介護保険の保険給付を受けるためには、市町村（特別区を含む）から、要介護認定または要支援認定を受ける必要がある。

A 20 ✕ 後期高齢者医療制度の自己負担割合は、原則1割、一定以上所得者は2割、現役並み所得者は3割である。

A 21 ✕ 介護保険の保険料の徴収は、第2号被保険者は、医療保険の保険料とあわせて徴収されるが、第1号被保険者は、公的年金額が18万円以上の者は年金から天引き（特別徴収）、それ以外の者は納付書での納付（普通徴収）となる。

A 22 ✕
頻出 第1号被保険者は、原因を問わず要介護認定・要支援認定されると介護サービスを受けることができるが、第2号被保険者は、脳血管疾患や末期がんなど老化が原因で生じた病気（特定疾病）に限定される。

A 23 ✕ 業務上あるいは通勤上の負傷・疾病により受診した場合に支給される労災保険の療養（補償）給付は、健康保険と異なり、原則として自己負担はない。

A 24 ◯ 障害補償給付は、負傷または疾病が治癒（症状が固定）した後に、労災保険の障害等級に該当する障害が残った場合に支給される。

A 25 ◯ 基本手当は、求職の申込み日以後、離職理由にかかわらず通算して7日間は支給されない（待期期間）。なお、自己都合による退職は、待期期間に加えてさらに2カ月（最長3カ月）の間、給付制限期間として支給されない。

A ◯ 介護サービスを受けるためには、あらかじめ保険者である市区町村に申請して、市区町村から「要介護」あるいは「要支援」の認定を受けなければならない。

Q 26 雇用保険の基本手当を受けることができる期間
☐☐☐ （受給期間）は、原則として離職した日の翌日から
１年６カ月間である。

....

Q 27 一般教育訓練に係る教育訓練給付金の支給額は、
☐☐☐ 教育訓練のために支払った受講費用の20%であ
るが、その額が10万円を超えるときは10万円が
支給される。

....

Q 28 雇用保険の介護休業給付は、分割して受給するこ
☐☐☐ とはできない。

7 公的年金 　　　　　　　　　 /19

Q 29 国民年金の被保険者となるのは、日本国籍を有す
☐☐☐ る者に限定されている。

....

Q 30 会社員と結婚した30歳のA子さんが、年収100
☐☐☐ 万円未満でパートタイマーとして働いた場合、夫
の収入の2分の1未満であれば、国民年金の第3
号被保険者とされる。

....

Q 31 国民年金の第3号被保険者は、その配偶者が退職
☐☐☐ して第2号被保険者(厚生年金保険の被保険者)に
該当しなくなった場合、一定期間内に第1号被保
険者への種別変更の届出をしなければならない。

....

Q 32 国民年金保険料は、まとめて前払い(前納)するこ
☐☐☐ とはできない。

過去問チェック！ [2021-9(加工)]

Q 雇用保険の育児休業給付金の額は、当該育児休業給付金
の支給に係る休業日数が通算して180日に達するまでは、
1支給単位期間当たり、原則として休業開始時賃金日額に
支給日数を乗じて得た額の67%相当額となる。

A⟨26⟩ ✕ 基本手当の受給期間は、原則として離職した日の翌日から <u>1</u> 年間である。

A⟨27⟩ ○ 一般教育訓練に係る教育訓練給付金の支給額は、本人が負担した入学料および受講料の <u>20</u>％（上限 <u>10</u> 万円）である。支給要件は、雇用保険の加入期間が <u>3</u> 年（初回は1年）以上あることである。

A⟨28⟩ ✕ 同一の家族について、<u>3</u> 回までの分割取得が可能であり、支給期間は <u>93</u> 日が限度となっている。介護休業給付は、配偶者・父母・子・孫・配偶者の父母等を介護するために休業した場合に支給され、支給額は休業開始時の賃金日額の <u>67</u>％相当額である。

A⟨29⟩ ✕ 国民年金の第1号被保険者、第2号被保険者および第3号被保険者ともに国籍要件を <u>問わない</u>。

A⟨30⟩ ○ 国民年金の第3号被保険者の生計維持関係に係る認定基準は、健康保険の扶養者と同じ規定である（A子さんの年収が <u>130</u> 万円未満であること、かつ夫の年収の <u>2分の1</u> 未満であること）。

A⟨31⟩ ○ 国民年金の第2号被保険者（厚生年金保険の被保険者）が退職すると、第3号被保険者から第 <u>1</u> 号被保険者への <u>種別変更</u> の手続きが必要となり、国民年金保険料を納付しなければならない。

A⟨32⟩ ✕ 国民年金保険料は、将来の一定期間（最大で <u>2</u> 年分）を前納することができ、前納期間や納付方法に応じて保険料が <u>割引</u> される。

A ○ 育児休業給付金の支給額は、賃金が支払われなかった場合、育児休業開始から180日間は、1支給単位期間あたり「休業開始時賃金日額×支給日数×67％」相当額である。

重要

Q 33 国民年金の強制被保険者(第1号・第2号・第3号)ではない人のうち、老齢基礎年金の年金額を満額に近づけたいなどの場合は、国民年金に任意加入することができる。

Q 34 国民年金の第1号被保険者であっても国民年金基金の加入員は、付加保険料を納めることができない。

Q 35 育児休業を取得している厚生年金保険の被保険者の保険料は、事業主が所定の申出をすることにより、被保険者負担分の納付は免除されるが、事業主負担分は免除されない。

Q 36 国民年金の第1号被保険者は、所定の届出により、産前産後の一定期間、保険料の納付が免除される。

Q 37 遺族年金を受給できる子、障害基礎年金等の加算額の対象となる子とは、15歳到達年度の末日までの子、または、18歳未満であって障害等級1級または2級に該当する障害の状態にある子であって、かつ婚姻をしていない子である。

Q 38 在職老齢年金における支給停止調整額は、60代前半と60代後半で異なる。

過去問チェック! [2020-1]

Q 特別支給の老齢厚生年金(報酬比例部分)は、原則として、1960年(昭和35年)4月2日以後に生まれた男性および1965年(昭和40年)4月2日以後に生まれた女性には支給されない。

A 33 ○ 老齢基礎年金の年金額を満額に近づけたい人は、満額（最長で65歳）になるまで、本人の申出により、国民年金に任意加入できる制度がある。

A 34 ○ 国民年金基金の加入員や保険料を免除されている人（産前産後の免除を除く）などは、付加保険料を納めることができない。

A 35 ✕ 3歳未満の子に係る育児休業期間中の厚生年金保険料および健康保険の保険料は、被保険者負担分・事業主負担分ともに免除される。

A 36 ○ 第1号被保険者は、原則として出産予定月の前月から4カ月間、所得に関係なく保険料が免除される（産前産後の免除）。この期間は、保険料免除期間ではなく、「保険料納付済期間」として扱われる。

A 37 ✕ 子とは、18歳になった年度の末日（3月31日）までの間にあるか、20歳未満で障害等級1級または2級に該当する障害の状態にあり、かつ婚姻をしていない子を指す。

A 38 ✕ 在職老齢年金は、基本月額と総報酬月額相当額との合計額が60代前半、60代後半ともに支給停止調整額の50万円（令和6年度額）を超えると、その超える額の2分の1相当額が年金から支給停止される。

A ✕ 1961年（昭和36年）4月2日以後生まれの男性および1966年（昭和41年）4月2日以後生まれの女性については、特別支給の老齢厚生年金は支給されない。

重要

Q 39 老齢厚生年金の繰上げ受給の請求をする場合は、
老齢基礎年金の繰上げ受給の請求も同時に行わな
ければならない。

Q 40 特別支給の老齢厚生年金と雇用保険の基本手当は
併給される。

Q 41 障害基礎年金は、障害認定日において障害等級に
該当する程度の障害状態にあれば支給され、保険
料納付要件は問わない。

Q 42 障害年金における障害認定日とは、初診日から起
算して1年を経過した日とされる。

Q 43 子のある配偶者が受給する遺族基礎年金の年金額
は、子が1人の場合、一律に支給される「基本額」
に「1人分の子の加算」を加算した額となる。

Q 44 遺族厚生年金に中高齢寡婦加算が加算されるため
の妻の年齢要件は、夫が死亡した当時、子がいな
い妻の場合、35歳以上65歳未満であることであ
る。

 過去問チェック！ [2018-5]

Q 国民年金の保険料納付済期間、保険料免除期間および合算対象期間
を合算した期間が10年である老齢基礎年金の受給権者が死亡した
場合、所定の遺族は遺族基礎年金の受給権を取得することができる。

A 39 ○
頻出 ✍

老齢基礎年金と老齢厚生年金の繰上げは、あわせて請求しなければならない。なお、繰下げは、どちらか一方のみ行うことができる。

A 40 ✕

基本手当を受けている間、特別支給の老齢厚生年金は全額支給停止される。停止される期間は、原則として求職の申込みをした月の翌月から基本手当の受給が終わった月までとなっている。

A 41 ✕

障害基礎年金を受給するには、初診日の前日において、初診日のある月の前々月までの被保険者期間のうち、「保険料納付済期間＋保険料免除期間」が原則として3分の2以上あることが必要とされる。

A 42 ✕

障害認定日は、障害の原因となった傷病について、初めて医師の診療を受けた日（初診日）から起算して1年6カ月を経過した日をいう。ただし、その期間内に傷病が治った（症状が固定した）場合は、その日とされる。

A 43 ○

頻出 ✍

配偶者が受給する遺族基礎年金には必ず子の加算があり、「基本額＋子の数に応じた子の加算額」となる。令和6年度額では、基本額816,000円＋第1子の加算234,800円＝1,050,800円となる。

A 44 ✕
頻出 ✍

中高齢寡婦加算が加算されるのは、子のない妻の場合、夫が死亡した当時40歳以上65歳未満であることである。なお、子のある妻は、夫の死亡時に40歳未満でも、40歳到達時点で遺族基礎年金の受給権のある子と生計を同じくしていればよいとされる。

A ✕
老齢基礎年金の受給権者の死亡によって遺族基礎年金の受給権を取得できるのは、保険料納付済期間、保険料免除期間および合算対象期間の合計が25年以上ある場合である。

67

重要

Q‹45› 会社員のAさん(42歳)には、妻(40歳)と子(14歳)がいるが、現時点でAさんが死亡した場合、遺族基礎年金と遺族厚生年金、中高齢寡婦加算が妻に支給される。
□□□

Q‹46› 年金は、毎月15日に、その月の分が支給される。
□□□

Q‹47› 老齢年金は雑所得として課税の対象となるが、障害年金と遺族年金は非課税である。
□□□

8 企業年金

Q‹48› 確定拠出年金の老齢給付を60歳から受給するには、60歳時点で確定拠出年金の通算加入者等期間が10年以上なければならない。
□□□

Q‹49› 国民年金基金の毎月の掛金は、確定拠出年金の個人型に加入している場合は、その掛金と合わせて月額55,000円が上限である。
□□□

Q‹50› 国民年金基金の加入員が納めた掛金は、社会保険料控除として所得控除の対象となる。
□□□

Q‹51› 小規模企業共済制度の毎月の掛金は、1,000円から70,000円の範囲内で、500円刻みで選択できる。
□□□

📄 **過去問チェック！** [2023-5]

Q 遺族厚生年金を受給することができる遺族の範囲は、厚生年金保険の被保険者等の死亡の当時、その者によって生計を維持し、かつ、所定の要件を満たす配偶者、子、父母、孫、祖父母である。

A〈45〉 ✕
頻出

遺族基礎年金が支給されている間は、中高齢寡婦加算は支給停止となる。よって、子が18歳になった年度の末日（3月31日）を経過するまでは、遺族基礎年金と遺族厚生年金が支給される。

A〈46〉 ✕

公的年金は、原則として偶数月の15日に、前2カ月分が支給される。

A〈47〉 ○

公的年金のうち、老齢年金は所得税法上「公的年金等にかかる雑所得」として課税の対象となるが、障害年金と遺族年金については非課税である。

A〈48〉 ○
頻出

確定拠出年金の老齢給付は、通算加入者等期間が10年以上ある場合に60歳から受給できる。受取方法は、年金だけでなく一時金も可能である。

A〈49〉 ✕

国民年金基金の掛金は、確定拠出年金の個人型の掛金と合算して月額68,000円が上限である。掛金は、加入時の年齢、性別、選択した給付の型などによって異なる。

A〈50〉 ○

国民年金基金の掛金は、その全額が社会保険料控除の対象となる。

A〈51〉 ○

小規模企業共済制度の掛金は、月額1,000円から70,000円までの範囲内（500円単位）で自由に設定することができる。

A ○

遺族厚生年金を受給できる遺族の範囲は、配偶者、子、父母、孫または祖父母である。兄弟姉妹は含まれない。

第2章

リスク管理

要/点/整/理/

1 保険制度の概要

2 生命保険の基礎

3 生命保険商品

4 生命保険と税金

5 法人契約の経理処理

6 損害保険

7 損害保険と税金

一問一答Q＆A(基本)

一問一答Q＆A(重要)

FP技能検定3級　出題傾向と対策

　リスク管理では、「生命保険」「損害保険」からの問題が多く出題されています。生命保険については、基本的な保険料の仕組みや約款の内容について理解しておきましょう。生命保険商品（定期付終身保険、収入保障保険、こども保険）、損害保険商品（火災・地震保険、自動車保険、賠償責任保険）や税金に関する問題も出題頻度が高い項目です。

　実技試験は、金財（個人資産相談業務）ではリスク管理の分野は出題されませんが、FP協会の実技試験では、保険証券の見方を問われる問題が頻繁に出題されています。

●これまでの出題傾向

	2024年1月			2023年9月			2023年5月			2023年1月			2022年9月		
	学科	実技		学科	実技		学科	実技		学科	実技		学科	実技	
		金	協会		金	協会		金	協会		金	協会		金	協会
1 リスクマネジメント															
2 保険制度全般	❷			❶										❶	
3 生命保険	❸		❶	❸		❷	❹		❶	❹				❸	❶
4 損害保険	❹		❶	❹		❶	❺		❶	❹		❶	❺		❶
5 第三分野の保険	❶		❶	❶			❶		❶	❷		❶	❶		❶
6 リスク管理と保険				❶											
7 リスク管理の最新の動向															

（金：金財（個人資産相談業務）／協会：FP協会の出題数を表す）

要点整理

第2章 リスク管理

学習日 /

1 保険制度の概要

重要度 A

1 契約者保護に関する制度と仕組み 頻出

保険業法	保険契約者等の利益の保護、保険会社の事業の健全運営や保険募集の公正を確保するために定められている
クーリング・オフ制度	契約者が一定の範囲内で、一方的な意思表示のみによって、保険契約の申込みの撤回または解除を認め、契約者の保護を図る制度

ソルベンシー・マージン比率	保険会社の財務体質の健全性を示す指標。通常の予測を超えるリスクに対する支払余力を指標とする。ソルベンシー・マージン比率200%以上が健全性の目安になるといわれている

クーリング・オフ制度については、クーリング・オフ事項を記載した書面を交付された日、または申込日のいずれか遅い日から起算して8日以内に書面または電磁的記録※による申し出が必要です。

※ 保険会社や商品などによって期間・方法は異なる

2 保険契約者保護機構

保険会社が経営破綻した場合に、契約者の保護を図ることを目的に、生命保険契約者保護機構、損害保険契約者保護機構が設立されています。

破綻保険会社の保険契約の継続を支援し、保険契約の引継ぎなどの円滑な実施のために、救済保険会社に資金援助を行うほか、自ら破綻保険会社の保険契約の引受けなどを行います。

2 生命保険の基礎　重要度 A

1 生命保険の仕組み

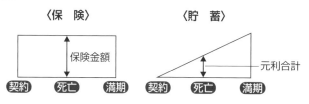

〈保　険〉　　　　　　　　〈貯　蓄〉

保険金額

元利合計

契約　死亡　満期　　　契約　死亡　満期

　保険は、保険期間中どの時点で死亡しても契約した保険金額を受け取ることができます（上記左図）。

　貯蓄は、その時点における元利合計金額のみを受け取ることができます（上記右図）。

2 生命保険料の仕組み

①保険料算出の大原則

収支相等の原則	契約者全体が支払う保険料とその運用益の総額（収入）と、保険会社が受取人全体に支払う保険金と経費の総額（支出）が等しくなるように保険料を計算することをいう
大数の法則	数少ない事象では何も法則がないことでも、数多くの事象を集めて大数でみると一定の法則があることをいう

②保険料算出の基礎

　保険料は、以下の3つの計算基礎率をもとに算出されます。

〈保険料の予定率〉

予定死亡率	過去の死亡率の統計（生命表）をもとに算出される年齢、性別ごとの死亡者数の割合
予定利率	保険会社が資産運用により見込める運用益分を、保険料から割り引く割引率
予定事業費率	保険事業運営上、必要な費用の割合

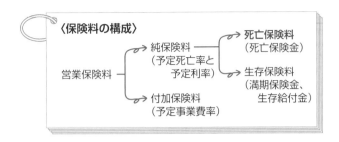

〈保険料の構成〉

営業保険料 ─┬→ 純保険料 ─┬→ 死亡保険料
　　　　　　　　（予定死亡率と　　　（死亡保険金）
　　　　　　　　　予定利率）　　└→ 生存保険料
　　　　　　　　　　　　　　　　　（満期保険金、
　　　　　　　　　　　　　　　　　　生存給付金）
　　　　　└→ 付加保険料
　　　　　　　（予定事業費率）

③ 保険約款の基礎知識

① 生命保険の基礎用語

契約者	保険会社と契約を結び、契約上の一切の**権利・義務**をもつ者
被保険者	その人の傷病や死亡などが、保険金等の**支払いの対象**となる者
受取人	保険会社から保険金の支払いを受ける者として、契約者から指定された者
診 査	保険契約に際し、保険会社が指定する医師の診察のこと
承 諾	保険会社が加入申込を認めること
責任準備金	保険会社が将来の保険金や給付金の支払いのために備えて、保険料の中から積み立てるもの
解約返戻金	保険契約を途中で解約した場合などに、契約者に払い戻されるお金のこと

② 告知義務制度

告知義務	保険契約申込の際に、**契約者または被保険者**が保険会社に対して、健康状態や職業などを告げる義務、重要な事項について事実と違うことを告げない義務

故意または重大な過失により、重要な事実について告知をせ
ず、また事実と違うことを告げたりすることを、**告知義務違反**
といいます。違反した場合は、保険会社は契約を解除できます。

③契約の承諾と責任開始期 　頻出

責任開始期（日）	保険会社が保険契約上の責任（保険金・給付金の支払いなど）を負う義務が開始する時期

　責任開始には保険会社の承諾が必要です。一般的には「**保険
契約申込書の提出**」「**告知（診査）**」「**第１回保険料（充当金）の払込
み**」の３つがすべて完了した日に責任開始します。

④保険料の払込方法
　保険料の払込方法には、主に月払い、半年払い、年払い、一
時払い、前納の方法があります。

重要用語　**一時払い・前納**
　一時払いとは、契約時に保険期間全体の保険
料を、一時にまとめて払う方法です。
　前納とは、将来払い込むべき年払いや半年払
い保険料を、まとめて払う方法です。保険会
社は、払込期日到来時に、預かった保険料を
保険料の払い込みに充当します。

⑤保険料の払込猶予期間

猶予期間	保険料の払込みが遅れた場合、保険会社が一定期間保険料の払込みを待つ期間

⑥契約の失効・復活

失　効	猶予期間経過後に、**自動振替貸付制度**が適用されない場合に、保険契約が効力を失うこと
復　活	いったん失効した契約でも、一定要件を満たすことにより契約の**効力**を元の状態に戻すことができること

⑦保険料払込みの困難なときの対応策 頻出 ✍

自動振替貸付制度	払込猶予期間満了日までに保険料が払い込まれなかった場合、その時点の解約返戻金の範囲内で、保険会社が自動的に保険料を立て替えて契約を有効に継続させる制度
契約者貸付制度	契約中の生命保険の解約返戻金の一定範囲内で、保険会社から資金の貸付けを受けられる制度
払済保険	保険料の払込みを中止して、そのときの解約返戻金をもとに、**保険期間を変えずに**従前の契約より保障額が少ない同種類の保険または養老保険に変更する方法（下図参照）
延長（定期）保険	保険料の払込みを中止して、そのときの解約返戻金をもとに、**保険金額を変えずに定期保険に**変更する方法（下図参照）
契約転換制度	現在加入している保険の積立金や配当金などの転換価格を、同じ保険会社の新しい保険に**充当**することで、新規加入より保険料が安くなる制度

〈払済保険の仕組み〉

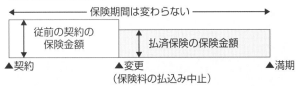

〈延長（定期）保険の仕組み〉

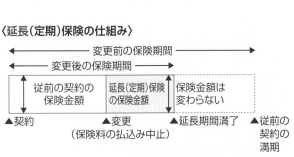

〈契約転換制度の仕組み〉

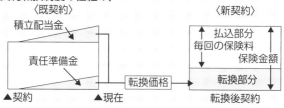

減 額	保険料の払込み負担を軽減するため、また過大な保険金額を減らすために、保険期間の途中で保険金額を減らす方法
解 約	契約者の意思に基づき、保険期間の途中で保険契約を消滅させる方法

第2章 リスク管理 要点整理

3 生命保険商品

1 生命保険商品の種類と内容

①定期保険

10年、15年など一定の保険期間内に死亡あるいは高度障害になった場合、保険金が支払われる保険です。

②終身保険

保険期間が一生涯であり、死亡あるいは高度障害になった場合、保険金が支払われる保険です。

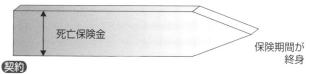

③定期保険特約付終身保険

　主契約の終身保険に、定期保険を特約として付加した保険です。特約期間中は、大きな**死亡保障**が確保できます。定期保険特約の保険期間には、次の2つのタイプがあります。

全期型	契約から主契約の保険料払込期間満了時まで更新がない
更新型	契約から10年、15年など特約期間が満了するごとに、主契約の保険料払込期間満了時までを限度として更新

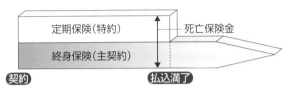

④利率変動型積立終身保険（アカウント型保険）

　保険を、保障部分と積立部分（アカウント部分）に分け、ライフプランに応じた保障内容に変更可能な保険です。保険料払込期間満了時点で、積立部分（アカウント部分）の積立金をもとに、終身保険（または年金受取）に**無審査**で移行することができます。

　積立金は保険料を調整する機能があるので、保障内容や保険料の柔軟な見直しができます。

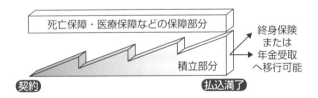

⑤養老保険

　保険期間中に**死亡**あるいは**高度障害**となった場合は、死亡保険金あるいは高度障害保険金が、満期まで生存していた場合には死亡・高度障害保険金と同じ額の満期保険金が支払われる保険です。

契約・満期　死亡保険金　満期保険金

⑥こども保険（学資保険）

　子どもの入学・進学時や満期時に、祝金・満期保険金が支払われるもので、教育資金準備のための保険です。通常、契約者である親などが死亡あるいは高度障害となった場合は、それ以降の保険料払込みは**免除**され、保険期間満了まで育英年金が支払われるものもあります。

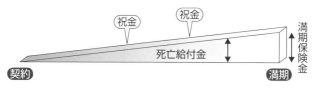

契約・祝金　祝金　死亡給付金　満期　満期保険金

⑦**変額保険**

　契約後の運用状況（株式、債券を中心に投資）によって、保険金額や解約返戻金が変動する保険です。通常の保険は、一般勘定で運用されますが、この保険は**特別勘定**（投資信託）で運用されます。

⑴**終身型**

　一生涯の保障があり、死亡あるいは高度障害保険金については、契約時の**基本保険金額**が最低保証されています。ただし、**解約返戻金額**は最低保証されていません。

⑵**有期型**

　満期までの保障があり、死亡あるいは高度障害保険金については、契約時の**基本保険金額**が最低保証されています。ただし、**満期保険金や解約返戻金**は最低保証されていません。

変額保険では、運用状況が良いとインフレヘッジを期待できますが、悪いときのリスクは契約者が負うことになります。

② 個人年金保険

有期年金	10年や15年など、年金受取期間をあらかじめ定め、被保険者が**生存している**期間に限り年金が支払われ、死亡した時点でその後の年金支払いは終了する
確定年金	年金受取期間と保証期間が同じである保証期間付有期年金保険の一種であり、被保険者の**生死**にかかわらず、**一定の年金受取期間**（10年、15年など）、年金が支払われる
終身年金	被保険者が**生存中に限り**、**一生涯年金**が支払われ、死亡した時点でその後の年金支払いは終了する
夫婦年金	夫婦のどちらかが**生存中に限り**、年金が支払われる終身年金の一種
変額年金	国内外の株式や債券に投資し、**運用状況**によって受け取る年金額が変動する。

③ 生前給付保険と関連特約　頻出

特定疾病 （三大疾病） 保障保険	**がん**、**急性心筋梗塞**、**脳卒中**にかかり、所定の状態と診断された場合、保険金が支払われる
リビング・ ニーズ特約	原因にかかわらず、被保険者の余命が**6カ月以内**と医師に診断された場合、死亡保険金の全部または一部を生前に前払い請求できる特約

寝たきりや認知症などで所定の要介護状態と認定された場合に、一時金などが支払われる介護保障保険や介護特約もあります。主契約に付加して契約するものを特約といいます。

4 生命保険と税金 頻出 ③　重要度 A

1 個人向け生命保険と税金

①生命保険料控除

要件に該当する生命保険契約で、その年の1月1日から12月31日までに支払った生命保険の保険料に応じて一定金額を所得から控除し、所得税・住民税を軽減させることができます。これを生命保険料控除といいます。

②控除額

控除額は、「一般生命保険料」「個人年金保険料」と2012年以降は「介護医療保険料」を加えた保険種類ごとに下記の表に従って計算します。

〈2011年12月31日以前に締結した保険契約について〉

	年間正味払込保険料		控除額
所得税		25,000円以下	その金額
	25,000円超	50,000円以下	支払金額×1/2＋12,500円
	50,000円超	100,000円以下	支払金額×1/4＋25,000円
	100,000円超		50,000円
住民税		15,000円以下	その金額
	15,000円超	40,000円以下	支払金額×1/2＋7,500円
	40,000円超	70,000円以下	支払金額×1/4＋17,500円
	70,000円超		35,000円

〈控除限度額〉
- 一般生命保険料控除
- 個人年金保険料控除

→2つ合わせて
- ・所得税最高10万円
- ・個人住民税最高7万円

〈2012年1月1日以降に締結した保険契約について〉

	年間正味払込保険料		控除額
所得税		20,000円以下	その金額
	20,000円超	40,000円以下	支払金額×1/2+10,000円
	40,000円超	80,000円以下	支払金額×1/4+20,000円
	80,000円超		40,000円
住民税		12,000円以下	その金額
	12,000円超	32,000円以下	支払金額×1/2+6,000円
	32,000円超	56,000円以下	支払金額×1/4+14,000円
	56,000円超		28,000円

〈控除限度額〉

一般生命保険料控除
個人年金保険料控除　　介護医療保険料控除

→ 3つ合わせて・**所得税最高12万円**
　　　　　　　・**個人住民税最高7万円**

＊ 新旧制度が両方ある場合は、所得税12万円、住民税7万円が限度となる

② 保険金などと税金

① 死亡保険金にかかる税金

死亡保険金を受け取る場合、契約者・被保険者・保険金受取人の関係によって、課税が異なります。

⑴ 相続税となるケース

契約者	被保険者	保険金受取人
A	A	B

保険金受取人が相続人の場合、次の非課税枠が適用されます。

非課税限度額＝500万円×法定相続人の数

保険金受取人が相続人以外の場合、非課税枠は適用されません。

(2)所得税(一時所得)となるケース

契約者	被保険者	保険金受取人
A	B	A

(3)贈与税となるケース

契約者	被保険者	保険金受取人
A	B	C

②満期保険金・解約返戻金にかかる税金

(1)所得税(一時所得)

契約者	受取人
A	A

(2)贈与税

契約者	受取人
A	B

③給付金と税金

入院給付金・手術給付金・通院給付金、特定疾病保険金、高度障害保険金(リビング・ニーズ特約給付金)などの生前給付金は、原則として非課税です。

④個人年金保険にかかる税金

毎年受け取る年金は、雑所得※として所得税・住民税がかかります。また、夫が保険料を負担し妻が年金受取人というように、契約者と年金受取人が異なる場合は、年金開始時に贈与税もかかります。

※ 雑所得の金額=受取り年金額(配当金含む)-必要経費

(1)所得税(雑所得)

契約者	受取人	課　税
A	A	毎年受け取る年金(雑所得)

(2)贈与税および所得税(雑所得)

契約者	受取人	課　税
A	B	ⅰ)年金受取開始時(贈与税) ⅱ)毎年受け取る年金(雑所得)

5 法人契約の経理処理

1 保険料と経理処理

法人が支払う保険料は、原則として貯蓄性のない保険は損金に算入し、貯蓄性のある保険は資産に計上します。

①定期保険

・保険金受取人が法人の場合
　　→ 原則として損金算入
・保険金受取人が従業員などの遺族の場合
　　→ 福利厚生費として損金算入

②養老保険

次のような契約形態の養老保険は、ハーフタックス・プランといいます。法人が支払う保険料の2分の1は資産計上し、2分の1は損金算入することができます。

満期保険金受取人が法人で、
死亡保険金受取人が従業員などの遺族の場合
　　→ 2分の1は資産計上、2分の1は損金算入

6 損害保険

1 損害保険とは

損害保険は、偶然な事故や災害の危険に対する、万一の経済的な支出に備える保険です。一般に生命保険の給付金が定額で支払われるのに対し、損害保険は実損払い（実際の損金額が支払われる）で支払われます。

損害保険料も、大数の法則、収支相等の原則、給付・反対給付均等の原則をもとに算出され、保険で利益を得てはならない利得禁止の原則という考え方に基づいています。

〈損害保険の基本用語〉

保険価額	被る可能性のある損害の最高見積額。原則は時価額
保険金額	契約で設定する金額で、保険会社が支払う限度額となる
保険金	損害に対して保険会社が支払う金銭のこと
実損てん補	実際の損害額全額を保険金として支払うこと(保険金額限度)
比例てん補	損害が生じたとき、保険金額が保険の対象物の価額に不足している場合に、その不足する割合に応じて保険金を削減して支払うこと
免責	一定額以下の小損害について自己負担するものとして設定する金額

②火災保険

①火災保険の契約

保険対象の評価額には、再調達価額(新価額)と時価額の2つの基準があります。

再調達価額 (新価額)	保険の対象となる建物や家財と同等のものを新たに建築もしくは購入するのに必要な金額
時価額	再調達価額から時間経過にともなう価値の低下分を差し引いた金額

〈超過保険と一部保険〉

超過保険	保険金額が評価額(再調達価額もしくは時価額)を超える契約
一部保険	保険金額が保険価額を下回る契約

火災保険の契約は、建物と家財それぞれ別に行います。また、地震に起因する損害は、火災保険に地震保険を追加して補います。

②地震保険

建物や家財に対するリスクのうち、地震・噴火またはこれら
による津波を原因とする損害に関して地震保険で担保します。
地震保険の対象となるのは、住居用建物（専用住宅および併用
住宅）および家財で、**地震保険単独での契約はできず**、火災保
険に付帯して契約します。

主契約保険金額の30 ～ 50%の範囲内で設定しますが、建
物で5,000万円、家財で1,000万円の上限があります。地震
保険が上乗せ補償できる保険もあります。

③失火責任法

失火責任法では、**重大な過失による火災でない限り、法的責
任を問わない**ことになっています。したがって、軽過失による
火事で近隣に火災被害を与えてしまった場合、賠償金を支払わ
なくても良いことになっています。

しかし、借家人の場合、失火責任は問われませんが、家主に
対して借家を元の状態で返還する義務が生じるため、**債務不履
行責任による損害賠償責任**が発生します。

③ 自動車保険

自動車保険には、強制加入の自動車損害賠償責任保険（自賠
責保険）と任意保険があり、自賠責保険ではカバーできない部
分を補うのが任意保険です。

①自動車損害賠償責任保険（自賠責保険）

自賠責保険は、自動車・原動機付自転車に加入が義務付けら
れた保険で、**人身事故の被害者救済を目的**としており、**対人賠
償事故に限定**されます。

自賠責保険	●被害者1人あたり支払い限度額 ・死亡　3,000万円 ・後遺障害　75万円～ 4,000万円（程度による） ・傷害　120万円（死亡・後遺障害と別枠）

自賠責保険は、相手の人身事故の
み補償します。次のページの任意
保険は、車両や自身の傷害も対象
となります。

②自動車保険（任意保険）

対象	保険種類	補償内容
物	〔車両保険〕	自動車車両の損害や盗難など
人	〔自損事故保険〕	単独事故の運転者等の損害
	〔無保険車傷害保険〕	十分な保険に加入していないなど賠償資力が十分でない加害者から被った賠償額
	〔人身傷害補償保険〕	本人および同乗者が死亡・傷害の被害を被った場合、過失の有無にかかわらず、示談の結果を待たずに損害額が支払われる
	〔搭乗者傷害保険〕	搭乗中の人が死傷した場合、契約時に定めた金額の死亡保険金や入院・通院保険金が定額で支払われる
賠償	〔対人賠償保険〕	交通事故により他人を死傷させ賠償責任を負った場合、自賠責保険を上回る部分
	〔対物賠償保険〕	交通事故により他人の財物を損壊させ賠償責任を負った場合、損害額を補償

4 傷害保険

傷害保険は急激かつ偶然な外来の事故によって生じた死亡・後遺障害、治療費などの保険金が支払われます。

●保険種類

保険種類	補償内容
普通傷害保険	国内外を問わず日常生活における傷害。細菌性食中毒、熱中症、心臓発作などは対象外
家族傷害保険	補償内容は普通傷害保険と同じ。被保険者は、本人、配偶者、本人または配偶者と生計を一にする同居の親族および別居の未婚の子
交通事故傷害保険	国内外における交通事故および建物火災や交通乗用具の搭乗中、改札口の内側、道路通行中の事故
国内旅行傷害保険	国内旅行行程中の傷害。食中毒も補償
海外旅行傷害保険	海外旅行行程中の傷害。食中毒、地震・津波・噴火による傷害も補償

5 企業向け損害保険

保険種類		補償内容
賠償責任保険	生産物賠償責任保険（PL保険）	製造・販売した商品などが他人に引き渡されたあと、または仕事を行い終了したあと、その商品などの欠陥や仕事の結果にともなって生じた**偶然な事故** ＊リコールにかかる費用は対象外
	施設所有（管理）者賠償責任保険	工場・店舗などの施設の**使用・管理**またはその施設における仕事の遂行にともなって生じた偶然な事故
	請負業者賠償責任保険	建築工事・土木工事の請負による仕事の遂行または遂行のための施設の使用・管理にともなって生じた偶然な事故
その他	労働災害総合保険	労働者が政府労災保険の対象となる業務上の損害を被り、事業主が使用者として法律上の損害賠償責任を負担したときなど

7 損害保険と税金　重要度 A

1 保険料と税金 頻出

①個人が支払う損害保険料

生命保険の保険料と同様に、個人が支払う損害保険の保険料も、所得控除の対象となります。控除されるのは、地震保険料および所定の長期契約（経過措置の損害保険契約）の保険料です。

(1) 地震保険料控除

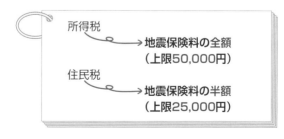

所得税
→地震保険料の全額
（上限50,000円）

住民税
→地震保険料の半額
（上限25,000円）

⑵経過措置の損害保険契約

2006年12月31日までに締結した損害保険契約で、保険期間が10年以上、契約満了時に満期返戻金が発生する保険が対象となります（所得税15,000円、住民税10,000円限度）。

地震保険料控除と経過措置の損害保険料控除を合わせて適用する場合の控除額は、所得税で最高50,000円、住民税で最高25,000円です。

② 個人が受け取る保険金

個人が受け取る保険金は原則として**非課税**です。火災保険や自動車保険の損害保険金・費用保険金、傷害保険の入院給付金、賠償責任保険の賠償金などについては、所得税・住民税は課されません。

一方、傷害保険などの死亡保険金については、契約の形態に応じて**課税**の対象となります。契約者本人が受取人となる満期返戻金は**一時所得**となり、所得税・住民税の対象となります。考え方は生命保険の場合と同じです。

〈非課税となる保険金・給付金〉

> 1. 損害を補てんする保険金
>   （火災保険、車両保険など）
> 2. 身体の傷害に対して支払われる保険金
>   （傷害保険、所得補償保険、人身傷害補償保険、医療費用保険など）
> 3. 損害賠償に関する保険金
>   （対物賠償責任保険、対人賠償責任保険）

〈課税対象となる保険金・給付金〉

> 1. 死亡保険金
>   （傷害保険、人身傷害補償保険、自損事故保険など）
> 2. 満期保険金、解約返戻金、年金給付
>   （積立傷害保険など）

1 保険制度の概要 ／10

Q〈01〉
□□□
生命保険募集人は、保険契約者に対して、保険契約の配当金の支払いなど将来受け取れる金額が不確実なものについて、断定的な判断を示したり、確実であると誤解を招くことがないよう、明確に説明しなければならない。

Q〈02〉
□□□
生命保険募集人でないFPが、顧客の加入している保険内容を説明することは、保険業法により禁じられている。

Q〈03〉
□□□
生命保険募集人は、生命保険の募集に際して、顧客に対して保険料の割引き、割戻しなど特別の利益を提供したり、約束したりする行為は禁止されている。

Q〈04〉
□□□
保険業法では、保険募集とは、保険契約の締結の代理または媒介を行うことをいう。

Q〈05〉
□□□
保険業法上、生命保険契約を申し込んだ者がその撤回を希望する場合、原則として、契約の申込日または契約申込みの撤回にかかる事項を記載した書面の交付日のいずれか遅い日を含めて8日以内であれば、口頭による申込みの撤回等ができる。

過去問チェック！ [2019-1]

Q
国内銀行の窓口において加入した個人年金保険は、預金保険機構による保護の対象となるのではなく、生命保険契約者保護機構による補償の対象となる。

勉強のコツ❶

生命保険と損害保険からほぼ同じ割合で出題されます。各々の基本的な商品や保障内容を押さえましょう。

A〈01〉 ◯ 「保険業法」の中で、生命保険募集人が行ってはならない行為が記されている。保険業法は、契約者や被保険者の利益保護、保険会社の健全運営のために定められている。

A〈02〉 ✕ FPが生命保険の内容を解説するだけでは募集行為には当たらない。

A〈03〉 ◯ 保険契約の締結または保険募集に関する禁止行為は、保険業法に定められている。

A〈04〉 ◯ 代理とは、保険募集人が保険契約の承諾をすればその契約が成立する形態を指し、媒介とは、保険募集人が保険契約の勧誘のみを行って保険契約の成立は保険会社の承諾に委ねる形態を指す。損害保険は代理、生命保険は媒介である。

A〈05〉 ✕ 口頭ではなく、書面または電磁的記録による申し出が必要となる。また、保険会社によっては、クーリング・オフの適用期間を延長している場合もある。

（ひっかけ）

A ◯ 銀行等で加入した保険商品であっても、生命保険会社の保険契約者保護制度の対象となる。

Q〈06〉 クーリング・オフができない場合の1つに、保険期間が5年以内であるとき、というものがある。

Q〈07〉 ソルベンシー・マージン比率が200%である生命保険会社は、金融庁による早期是正措置の対象とならない。

Q〈08〉 生命保険協会は、破綻した生命保険会社の保険契約等を保護するため、救済保険会社に対する資金援助や、自らが受け皿となって破綻保険会社の保険契約の引受け等を行う。

Q〈09〉 生命保険契約者保護機構には、国内で生命保険事業を行うすべての生命保険会社が加入するが、海外に本社がある外資系の生命保険会社は任意である。

Q〈10〉 保険商品の販売にあたって、金利、通貨の価格、金融商品市場における相場その他の指標にかかる変動を直接の原因として元本欠損が生ずるおそれがあるときは、その旨およびそれがどのような要因で起こるおそれがあるかについて、顧客に説明することが、消費者契約法で義務付けられている。

2 生命保険の基礎 　　／ 7

Q〈11〉 加入している終身保険を払済にする場合、特約についても元の保険期間まで付加することができる。

📄 **過去問チェック！** [2020-1]

Q 生命保険募集人登録をしていないFPが、生命保険契約を検討している顧客のライフプランに基づき、必要保障額を具体的に試算した。

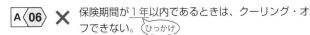 保険期間が1年以内であるときは、クーリング・オフできない。（ひっかけ）

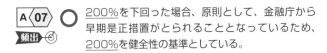 200%を下回った場合、原則として、金融庁から早期是正措置がとられることとなっているため、200%を健全性の基準としている。

頻出

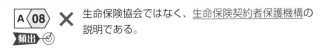 生命保険協会ではなく、生命保険契約者保護機構の説明である。

頻出

A⟨09⟩ ✕ 海外に本社がある場合も、日本国内で生命保険事業を行っているのであれば、生命保険会社は加入する義務がある。

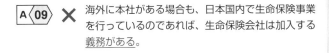 金融サービスの提供に関する法律で義務付けられている。なお、消費者契約法では、消費者と事業者の間で交わされる契約全般が適用対象となる。

A⟨11⟩ ✕ 払済にすると、それまで付加している特約は解約となる。また、以後の保険料払込はなくなり、それまでの解約返戻金をもとに保険金額は少なくなるが、保険期間のかわらない同種保険か養老保険にかわる。

 募集人登録をしていない場合でも、保険に関する必要保障額など、一般的な説明や提案はできる。

Q〈12〉 生命保険の保険料は、適合性の原則や収支相等の原則に基づいて、3つの計算基礎率を用いて算出される。

Q〈13〉 将来の保険料の全部または一部をまとめて払い込むことを一時払いという。

Q〈14〉 生命保険契約における責任開始期(日)とは、保険会社の承諾を前提として、申込み、告知(診査)の2つがともに完了したときである。

Q〈15〉 失効した契約は、原則として失効後2年以内であれば、所定の手続きを経て復活することができる。

Q〈16〉 契約者の申し出により、その時点まで払い込んだ保険料の総額を限度に、保険会社から資金の貸付けを受けることができる制度を契約者貸付制度という。

Q〈17〉 加入中の生命保険の保険料の払込みを中止し、その時点の解約返戻金をもとに、原則として元の契約の保険期間を変えずに新たに保険を定め、元の主契約と同じ種類の保険または養老保険に変更する方法を払済保険という。

過去問チェック! [2019-9]

Q 現在加入している生命保険契約を、契約転換制度を利用して、新たな契約に転換する場合、転換後の保険料は、転換前の契約の保険料率が引き続き適用される。

A⟨12⟩ ✕ 生命保険の保険料は、<u>大数</u>の法則や収支相等の原則に基づいて、3つの計算基礎率(予定死亡率、予定利率、予定事業費率)を用いて算出される。

A⟨13⟩ ✕ <u>前納保険料</u>の説明である。一時払いとは、契約締結時に<u>全保険期間</u>に対する保険料を一時に全額払い込むことをいう。

A⟨14⟩ **頻出** ✕ 生命保険契約における責任開始期(日)とは、保険会社の承諾を前提として、申込み、告知(診査)、第1回保険料(充当金)の払込みの3つが<u>すべて完了した</u>ときである。 （ひっかけ）

A⟨15⟩ ✕ 失効した契約を復活することができる期間は、原則として<u>3年</u>以内である。その際には失効期間中の保険料を納めるとともに、所定の診査等を受け、保険会社の承諾を得る必要がある。

A⟨16⟩ **頻出** ✕ 保険会社から資金の貸付けを受けられるのは、<u>解約返戻金</u>の一定範囲(通常8〜9割)である。（ひっかけ）

A⟨17⟩ 〇 <u>解約返戻金</u>がゼロまたは少ない場合は変更できず、保険の種類によっては利用できないことがある。

 ✕ 保険料は転換時点の年齢及び保険料率で計算される。保険料率が新しい契約のものに変わるので、貯蓄性が低くなることもある。

3 生命保険商品 　　　　　／8

Q〈18〉
□□□
入院給付金日額1万円(1日目から支給)で、同一事由での1回の入院日数60日が支払い限度の契約なら、65日間入院して支払われる給付額は60万円である。

Q〈19〉
□□□
定期保険では、被保険者が保険期間中に死亡した場合には死亡保険金が支払われ、被保険者が保険期間終了まで生存した場合には満期保険金が支払われて契約は満了する。

Q〈20〉
□□□
収入保障保険は、働けなくなった時に一定の給付金が年金形式で支払われる保険であり、就労不能状態を補償する商品である。

Q〈21〉
□□□
特定疾病(三大疾病)保障保険では、被保険者が保険期間内に特定疾病以外の原因により死亡した場合、死亡保険金が支払われることはない。

Q〈22〉
□□□
個人年金保険の年金受取方法は、被保険者が生存している限り年金が支払われる確定年金、被保険者の生死に関係なく所定の年金支払期間内であれば年金が支払われる有期年金などがある。

Q〈23〉
□□□
少額短期保険業者が引受けを行うことができる金額は、被保険者1人あたり、原則として総額1,000万円以下である。

📄 過去問チェック! [2022-9]

Q こども保険(学資保険)において、保険期間中に契約者(=保険料負担者)である親が死亡した場合、一般に、既払込保険料相当額の死亡保険金が支払われて契約は消滅する。

A〈18〉 ○ 入院給付金は、1回の入院で支払われる限度日数が定められている場合は、その日数を超える入院給付金日額は支払われ<u>ない</u>。

A〈19〉 ✕ <u>定期保険</u>は、被保険者が保険期間終了まで生存した場合には、何も支払われることなく、保険契約が終了する。問題文は、<u>養老保険</u>の説明である。

A〈20〉 ✕ 収入保障保険は、定期保険の一形態であり、<u>死亡時</u>の保険金が<u>分割</u>で支払われる商品である。働けなくなった際の所得を補償するのは、<u>就労不能保険や所得補償保険</u>である。

A〈21〉 ✕ 特定疾病保障保険は、特定疾病保険金が支払われることなく死亡あるいは高度障害になった場合、原因にかかわらず死亡あるいは高度障害保険金が<u>支払われる</u>。
頻出

A〈22〉 ✕ 個人年金保険を年金受取方法で分類すると、被保険者が生存している限り年金が支払われる<u>終身</u>年金、被保険者の生死に関係なく所定の年金支払期間内であれば年金が支払われる<u>確定</u>年金などがある。

A〈23〉 ○ 少額短期保険業とは、保険業法上の保険業のうち、<u>一定事業規模の範囲内</u>において、少額かつ短期の保険の引受けのみを行う事業をいう。

A ✕ 契約者が死亡した場合、一般に以後の保険料払込みは免除され、契約は継続し、祝金・満期保険金が支払われる。

97

Q〈24〉 総合福祉団体定期保険とは、従業員および役員の死亡または所定の高度障害に対して保険金を支払う10年更新の定期保険である。

Q〈25〉 生命保険契約におけるリビング・ニーズ特約とは、被保険者の余命が6カ月以内と判断された場合、被保険者または指定代理請求人の請求に基づいて、所定の死亡保険金額の範囲内で、生前に保険金を受け取ることができる特約である。

4 生命保険と税金 　　／2

Q〈26〉 個人年金保険契約に基づいて受け取った年金のうち、支払い保険料等経費相当分を差し引いた金額は、雑所得として所得税、住民税の課税対象となる。

Q〈27〉 被保険者本人(=契約者・保険料負担者)が受け取る入院給付金は、雑所得として課税対象である。

5 法人契約の経理処理 　　／1

Q〈28〉 法人が支払う保険料は、保険の種類を問わず、原則として損金に算入することができる。

6 損害保険 　　／10

Q〈29〉 普通傷害保険に加入している被保険者が、海外旅行中に滞在していたホテルの火災でやけどを負い入院した場合でも、保険金支払いの対象となる。

過去問チェック! [2019-1]

Q ホテルが、クロークで顧客から預かった衣類や荷物の紛失や盗難により、法律上の損害賠償責任を負担した場合に被る損害に備える保険は、施設所有(管理)者賠償責任保険である。

| A ⟨24⟩ | × | 1年更新の定期保険である。企業の福利厚生規程による従業員等の遺族保障の支払財源の確保を目的としている。 |

.... ひっかけ ....

| A ⟨25⟩ 頻出 | ○ | 特約を付加するための保険料は<u>不要</u>である。請求した保険金額から6カ月分の保険料と利息相当分を差し引いた金額が支払われる。 |

| A ⟨26⟩ | ○ | 契約者（=<u>保険料負担者</u>）が誰であるかにかかわらず、受け取った年金は雑所得として所得税、住民税の課税対象となる。契約者と年金受取人が異なる場合は、年金支払開始時点で<u>贈与税</u>の課税対象にもなる。 |

| A ⟨27⟩ | × | 入院給付金・手術給付金・通院給付金などは、原則として<u>非課税</u>である。 ひっかけ |

| A ⟨28⟩ | × | 原則として、定期保険など貯蓄性のない保険は<u>損金</u>に算入し、養老保険など貯蓄性のある保険は<u>資産</u>に計上する。 |

| A ⟨29⟩ | ○ | 保険金支払いの対象で<u>ある</u>。普通傷害保険は、日本国内または国外において、被保険者が急激かつ偶然な外来の事故により傷害を被り、死亡・後遺障害や医師の治療を受けた場合に支払われる。 |

| A | × | 他人から預かった所有物に起こった事故に起因する損害賠償責任をカバーするのは「受託者賠償責任保険」である。 |

基本

Q⟨30⟩
☐☐☐
地震保険の保険金額は、火災保険等の主契約の保険金額の一定範囲内で設定することになるが、居住用建物については5,000万円、生活用動産(家財)については500万円の上限が設けられている。

Q⟨31⟩
☐☐☐
損害保険の超過保険とは、保険金額が保険価額より大きい保険をいい、利得禁止の原則により、超過部分は無効である。

Q⟨32⟩
☐☐☐
損害保険において、保険価額が保険金額より小さい保険を一部保険という。

Q⟨33⟩
☐☐☐
自動車損害賠償責任保険(自賠責保険)で支払われる保険金の被害者1人あたりの支払限度額は、死亡の場合は3,000万円、傷害の場合は120万円、後遺障害の場合は程度に応じて75万〜5,000万円である。

Q⟨34⟩
☐☐☐
自動車損害賠償責任保険の対象となるのは対物賠償事故であり、対人賠償事故は対象とならない。

Q⟨35⟩
☐☐☐
生産物賠償責任保険(PL保険)は、製造・販売した製品や商品あるいは仕事の結果に起因する事故により、他人の身体または財物に損害が生じ、企業等が法律上の損害賠償責任を負担することにより被る損害を補償する保険である。

Q⟨36⟩
☐☐☐
個人賠償責任保険は、飼い犬が近所の子どもに噛みついてケガをさせた場合も、補償の対象となる。

📄 **過去問チェック!** [2022-1]

Q
自動車保険の車両保険では、一般に、洪水により自動車が水没したことによって被る損害は補償の対象とならない。

| A⟨30⟩ 頻出 | ✕ | 火災保険等の主契約の保険金額の30 ～ 50%に相当する範囲内での保険金額の設定となり、建物については5,000万円、生活用動産(家財)については1,000万円の上限が設けられている。 |

| A⟨31⟩ | ○ | 損害保険で得してはいけないという原則で、損害額以上の保険金は支払われない。 |

| A⟨32⟩ | ✕ | 保険価額とは被る可能性のある損害額の最高見積額で、その額よりも設定した保険金額が少ない保険のことを一部保険という。 |

| A⟨33⟩ 頻出 | ✕ | 後遺障害の場合は、程度に応じて75万～ 4,000万円である。 |

| A⟨34⟩ | ✕ | 自動車損害賠償責任保険の対象となるのは対人賠償事故であり、対物賠償事故は対象とならない。（ひっかけ） |

| A⟨35⟩ | ○ | リコールにかかる費用は対象外である。保険料は、保険の対象となる生産物・工事・仕事の内容、生産物の売上高、工事・仕事の完成工事高・売上高・支払限度額、免責金額、セットする特約等によって異なる。 |

| A⟨36⟩ 頻出 | ○ | 個人賠償責任保険は、個人が居住する住宅の管理および日常生活において生じた偶然な事故により、他人の身体・財物に損害を与え、法律上の損害賠償を負うことによって被る損害を補償する。 |

| A | ✕ | 車両保険では、交通事故だけでなく、火災、爆発、盗難、台風、洪水などの偶然な事故によって損害を受けた場合も保険金は支払われる。 |

Q〈37〉 労働災害総合保険とは、労働者が政府労災保険の
☐☐☐ 対象となる業務上の損害を被り、事業主が使用者
として法律上の損害賠償責任を負担したときなど
に保険金が支払われる保険である。

- -

Q〈38〉 火災や事故により店舗が損害を受け、営業が休止
☐☐☐ または阻害された場合の利益の減少等の休業損失
を補償する保険として、店舗休業保険がある。

7 損害保険と税金 　　　　　／5

Q〈39〉 所得税の地震保険料控除額は、4万円が限度であ
☐☐☐ る。

- -

Q〈40〉 被保険者本人や被保険者の父母、配偶者、子が受
☐☐☐ け取る無保険車傷害保険の保険金は、非課税とさ
れる。

- -

Q〈41〉 個人の住宅が全焼したことにより被保険者（＝契
☐☐☐ 約者・保険料負担者）が受け取る火災保険金は、
非課税である。

- -

Q〈42〉 所得税の生命保険料控除は、生命保険会社と締結
☐☐☐ した生命保険契約は対象となるが、損害保険会社
と締結した医療保険契約は対象とはならない。

- -

Q〈43〉 地震保険料控除と併せて控除対象になる長期の損
☐☐☐ 害保険契約とは、保険期間20年以上で、かつ満
期返戻金のある契約である。

📄 **過去問チェック!** ［2019-1］

Q 自賠責保険では、自動車事故により他人を死傷させた場合の
損害賠償責任を補償の対象としており、自動車事故により他
人の物を壊した場合の損害賠償責任は補償の対象とならない。

A〈37〉 ○ 労働災害総合保険は、政府労災保険の<u>上乗せ保険</u>であり、政府労災保険に加入していることが加入の条件となる。

A〈38〉 ○ 店舗休業保険は、主に<u>中小企業</u>および個人事業主向けの保険である。火災や落雷、爆発、盗難、食中毒等により店舗や事務所が損害され、営業が阻害または休止したことによる損失を補償する。

A〈39〉 ✕ 地震保険料の控除額は、最大<u>5万円</u>である。

A〈40〉 ○ 事故により支払われる保険金は、原則として<u>非課税</u>である。ただし、死亡保険金については、相続税や贈与税などが課税される。

A〈41〉 ○ 火災保険による保険金は、利益を得るものではないため、基本的に<u>非課税</u>である。

頻出

A〈42〉 ✕ 損害保険会社と締結した医療保険契約も対象と<u>なる</u>。

A〈43〉 ✕ 対象となる契約は、保険期間<u>10年以上</u>かつ<u>満期返戻金</u>のあるもので、<u>2006</u>年12月31日までに締結した契約に限られる。

A ○ 自賠責保険の対象は、自動車事故によって他人の身体に損害を与え、法律上の損害賠償責任を負った場合となる。他人の物は自動車保険での補償となる。

1 保険制度の概要 /3

Q01 保険募集において、代理とは、保険募集人が保険契約の勧誘のみを行って保険契約の成立は保険会社の承諾に委ねる形態をいい、媒介とは、保険募集人が保険契約の承諾をすればその契約が成立する形態をいう。

Q02 生命保険会社が破綻した場合、生命保険契約者保護機構により、破綻時点における補償対象契約の解約返戻金額の90％（高予定利率契約を除く）までが補償される。

Q03 少額短期保険業を行う事業者が扱える商品の保険期間は、最長でも2年以下である。

2 生命保険の基礎 /11

Q04 生命保険契約を締結するにあたって保険会社への告知の方法には、告知書扱いや診査扱いなどがあり、診査扱いの場合には、最近の健康状態や過去1年以上前の健康状態については告知しなくて良い。

Q05 保険料払込猶予期間は、一般に月払いと半年払いの場合は払込期月の翌月初日から末日まで、年払いは払込期月の翌月初日から翌々月の月単位の契約応当日までである。

📄 **過去問チェック！** [2023-9]

医療保険等に付加される先進医療特約では、責任開始日時点において厚生労働大臣により定められている先進医療が給付の対象となる。

勉強のコツ❷（実技編）

保険の契約内容を示して、そこから問題を読み解くパターンは頻出です。税金と絡めた問題もあります。

A〈01〉 ✕ 代理とは、保険募集人が保険契約の承諾をすればその契約が成立する形態を指し、媒介とは、保険募集人が保険契約の勧誘のみを行って保険契約の成立は保険会社の承諾に委ねる形態を指す。

- - - - - - - - - -

A〈02〉 ✕ 原則、破綻時点の責任準備金の90%までが補償される。　（ひっかけ）

頻出

- - - - - - - - - -

A〈03〉 ◯ 原則1,000万円を超えてはならないとされ、保険期間は損害保険2年、生命保険・医療保険は1年である。

- - - - - - - - - -

A〈04〉 ✕ 告知書扱い、診査扱いのどちらの場合も、最近の健康状態や過去5年以内の健康状態について、ありのままに告知しなければならない。

- - - - - - - - - -

A〈05〉 ✕ 半年払いは年払いと同様である。契約応当日が2・6・11月の各末日の場合は、それぞれ4・8・1月の各末日までとなる。

 ✕ 先進医療特約では、療養を受けた日時点において厚生労働大臣により定められている先進医療が給付の対象となる。

105

Q‹06› 保険料の払込猶予期間中に保険事故が発生した場合、受け取れる保険金は半額である。
□□□

Q‹07› いったん失効した保険契約を復活した場合、復活したあとの保険料は、復活した時点での年齢と保険料率で計算される。
□□□

Q‹08› 自動振替貸付制度が適用されて、契約が有効に継続されている場合、借りた保険料分については利息を払う必要はない。
□□□

Q‹09› 現在有効に継続している生命保険の以後の保険料の払込みを中止し、その時点での解約返戻金をもとに、元の契約の保険金額を変えないで、一時払いの定期保険に変更したものを延長（定期）保険といい、各種の特約が付加されていた場合は、そのまま継続することができる。
□□□

Q‹10› 契約転換制度は、現在加入している生命保険の責任準備金等を同じ保険会社の新しい保険契約の一部に充当するもので、転換する際には、告知書・診査が必要である。
□□□

Q‹11› 現在加入している生命保険契約を、契約転換制度を利用して新たな契約に転換する場合、保険料は転換制度利用時の年齢、保険料率によって計算される。
□□□

過去問チェック！ [2023-9]

Q 定期保険特約付終身保険（更新型）は、定期保険特約を同額の保険金額で更新する場合、更新にあたって被保険者の健康状態について告知や医師の診査は必要ない。

A〈06 ✕　猶予期間中に保険事故が発生した場合、<u>未払保険料</u>を差し引いたうえで、保険金が支払われる。

A〈07 ✕　復活したときの保険料は、<u>契約時（失効前）</u>の保険料と変わらない。

A〈08 ✕
頻出 ✒

借りた保険料分については所定の利息を払うことが必要で<u>ある</u>。なお自動振替貸付制度とは、払込猶予期間満了日までに保険料が払い込まれなかった場合、そのときの<u>解約返戻金</u>の範囲内で保険会社が自動的に保険料を立て替えて、契約を有効に継続させる制度である。　　　　　　　　　（ひっかけ）

A〈09 ✕　各種の特約が付加されていた場合は、<u>変更した時点</u>で<u>消滅</u>する。なお、延長保険は、元の契約と保険金額は変わらないが、保険期間は短くなる。

A〈10 ◯　現在の契約を「<u>転換（下取り）価格</u>」として新しい契約の一部に充てる方法で、元の契約は<u>消滅</u>する。

A〈11 ◯　転換制度利用時の<u>年齢・保険料率</u>により保険料を計算するため、転換時の予定利率が元の契約の予定利率よりも下がる場合は、保険の種類によっては保険料が引上げとなる。

A ◯　終身保険をベースに、特約の定期保険部分を更新していく保険。変更や解約の意思を示さない限り同じ保障で自動更新される（同じ保障の場合、更新後の保険料は高くなる）。

Q‹12› □□□ 保険料の払込負担を軽減するため、また過大な保険金額を減らすために、保険期間の途中で保険金を減額した場合、解約返戻金が支払われることはない。

Q‹13› □□□ 更新型の定期保険の保険金額を、同額で自動更新した場合、通常、保険料は更新前より安くなる。

Q‹14› □□□ ソルベンシー・マージン比率は、保険会社の健全性を判断する1つの指標であり、保険金等の支払能力の充実の状況に係る区分が100%以上であることが、健全性の目安といわれている。

3 生命保険商品 　　　　／9

Q‹15› □□□ 収入保障保険は、保険期間内に死亡あるいは高度障害になった場合、一定期間、保険金が毎月(会社によっては年金形式で)支払われる保険で、一時金として受け取ることはできない。

Q‹16› □□□ 利率変動型積立終身保険(アカウント型保険)は、積立金の中から保険料の一部を支払うことによって、所定の範囲内で支払保険料の額を調整することができる。

Q‹17› □□□ 親を契約者(=保険料負担者)、子を被保険者とするこども保険(学資保険)は、保険期間中に契約者、被保険者どちらかが死亡または高度障害状態に該当した場合でも、死亡保険金または高度障害保険金が支払われる。

Q‹18› □□□ 変額保険は、契約後の運用状況によって、保険料や解約返戻金が変動する保険である。

過去問チェック! [2019-1]

Q 学資(こども)保険には、出生前加入特則を付加することにより、被保険者となる子が出生する前であっても加入することができるものがある。

A〈12 ✕ 減額した部分は<u>解約</u>したものとし（一部解約）、解約返戻金がある場合は<u>支払われる</u>。

A〈13 ✕ 更新時の年齢・保険料率で計算するため、通常、更新前より<u>高く</u>なる。

A〈14 ✕ ソルベンシー・マージン比率<u>200％以上</u>が健全性の目安である。<u>200％</u>を下回った場合は、金融庁から改善計画の提出など早期是正措置がとられることになっている。

A〈15 ✕
頻出 ✍
一時金受取の選択も<u>可能</u>。その場合、一時金受取額は、年金受取総額よりも保険金額が<u>減額</u>される。

A〈16 ◯ 払い込む保険料のうち積立に回す分と保障に回す分を一定の範囲内で自由に設定・変更でき、積立金は一時金を投入することによって<u>積み増し</u>したり、必要に応じて<u>引き出す</u>こともできる。

A〈17 ✕ 契約者である親が死亡または高度障害状態に該当した場合、その後の<u>保険料支払い</u>が免除され、進学祝金や満期保険金を受け取ることが<u>できる</u>。

A〈18 ✕ 変額保険は、契約後の運用状況によって、<u>保険金額</u>や<u>解約返戻金</u>が変動する保険である。 （ひっかけ）

A ◯ 出生前加入特則を付加すると、出産予定日の140日前（妊娠6カ月目頃）から加入できる。

Q 19 □□□ 変額保険の終身型は、一生涯の保障があり、死亡あるいは高度障害については、契約時の基本保険金額が最低保証されている。

Q 20 □□□ 変額個人年金は、国内外の株式や債券に投資し、運用状況によって受け取る年金額が変動するが、死亡給付金は多くは最低保証がある。

Q 21 □□□ がん保険の入院給付金は初日から支払われ、一般的に入院給付金の1入院あたりの支払限度日数や通算支払限度日数がある。

Q 22 □□□ 介護保障保険は、一般に寝たきりや介護が必要になった場合に、一時金や年金が支払われるものである。

Q 23 □□□ 逓増定期保険とは、保険金が期間の経過に応じて一定額または一定の率で増加していく保険であり、通常、毎回の保険料も増加していく。

4 生命保険と税金 ／5

Q 24 □□□ 個人年金保険料税制適格特約付きの個人年金保険に、疾病入院特約が付加されている場合、その疾病入院特約保険料は、個人年金保険料にかかる生命保険料控除（いわゆる個人年金保険料控除）の対象とならない。

Q 25 □□□ 高度障害保険金、特定疾病保険金、入院給付金の3つのうち、被保険者が受け取った場合に非課税となるものは、2つである。

📄 **過去問チェック！** [2019-1]

Q 平成30年中に契約した生命保険に付加されている傷害特約に係る保険料は、介護医療保険料控除の対象となる。

A⟨19⟩ ◯ 契約時の基本保険金額が<u>最低保証</u>されているが、<u>解約返戻金額は最低保証されていない</u>。
頻出

A⟨20⟩ ◯ 変額個人年金の解約返戻金は多くは最低保証が<u>ない</u>が、死亡給付金については多くは最低保証が<u>ある</u>。

A⟨21⟩ ✕ がん保険は、一般的には支払日数や通算支払限度日数に限度が<u>ない</u>。契約から保障開始までに<u>3</u>カ月または<u>90</u>日間の待期期間（免責期間）がある。
頻出

A⟨22⟩ ◯ 設問のとおり。公的介護保険の<u>要介護度</u>により給付が行われるものや、認知症のみを対象にするものなど、商品が多様化している。

A⟨23⟩ ✕ 保険金額は<u>逓増</u>するが、毎回の保険料は、通常、<u>増加はせず一定</u>である。
（ひっかけ）

A⟨24⟩ ◯ 個人年金保険に特約として疾病入院特約等の医療保険が付加されている場合、その特約にかかる保険料は、<u>介護医療保険料控除</u>の対象となる（2011年12月31日以前の契約の場合は一般生命保険料控除の対象となる）。

A⟨25⟩ ✕ <u>3つとも非課税</u>である。そのほか、リビング・ニーズ特約給付金も非課税となる。

A ✕ 平成24年1月1日以後に締結した傷害特約や災害割増特約など、身体の傷害のみに起因して保険金が支払われるものは、介護医療保険料控除等、生命保険料控除の対象外である。

Q⟨26⟩
□□□ 夫を契約者・被保険者、妻を保険金受取人とする終身保険で、死亡保険金を妻が受け取る場合、この死亡保険金は相続税の対象とはならず、妻の一時所得として所得税が課税される。

Q⟨27⟩
□□□ 夫が契約者（＝保険料負担者）、妻が被保険者、子が死亡保険金受取人である生命保険契約において、子が受け取った死亡保険金は、相続税の課税対象となる。

Q⟨28⟩
□□□ 契約者（＝保険料負担者）が夫、年金受取人が妻である個人年金保険の契約に基づいて年金が支払われる場合、妻が毎年受け取る年金は贈与税の課税対象となる。

5 法人契約の経理処理 　／2

Q⟨29⟩
□□□ 契約者（＝保険料負担者）が法人、被保険者が全役員・従業員、死亡保険金受取人が被保険者の遺族、満期保険金受取人が法人である養老保険は、支払保険料の2分の1を損金に算入できる。

Q⟨30⟩
□□□ 法人が保険料を負担した契約に基づき、法人が保険金を受け取った場合は、どのような場合でも受け取った保険金はすべて法人税の課税対象となる。

過去問チェック！ [2019-5]

Q 養老保険の福利厚生プランでは、契約者（＝保険料負担者）を法人、被保険者を従業員全員、死亡保険金受取人を被保険者の遺族、満期保険金の受取人を法人とすることにより、支払保険料の全額を福利厚生費として損金の額に算入することができる。

A⟨26⟩ ✕ 保険料負担者である契約者と被保険者が同一の場合、死亡保険金は本来の財産ではないが、その経済的価値に着目し「みなし相続財産」として、相続税の対象となる。死亡保険金を受け取るのが相続人の場合は、法定相続人の数に応じて一定額が非課税となる。

A⟨27⟩ ✕ 子が受け取った死亡保険金は、贈与税の課税対象となる。
頻出

契約者	被保険者	保険金受取人
A	B	C

A⟨28⟩ ✕ 妻が毎年受け取る年金は、雑所得として所得税、住民税の課税対象となる。このケースでは、年金受取開始時に年金受給権に対して贈与税も課せられる。

A⟨29⟩ ○ このような契約形態の養老保険を、ハーフタックス・プランという。

満期保険金受取人	死亡保険金受取人	経理処理
法 人	役員・従業員の遺族	2分の1 資産計上 2分の1 損金算入

A⟨30⟩ ✕ 法人が保険金を受け取った場合、その保険契約について資産計上されている金額があれば、受け取った保険金から資産計上額を差し引いた差額のみが法人税の課税対象となる。

A ✕ 保険料の額のうち2分の1は「保険料積立金」として資産計上、残り2分の1は「福利厚生費」として損金に算入。税務上の扱いからハーフタックスプランとも呼ばれる。

6 損害保険 /10

Q⟨31⟩ 借家人が、軽過失による失火によって借家を焼失
☐☐☐ させ、隣家も類焼させてしまった場合、借家人は
隣家に対して損害賠償責任を負う。また、家主に
対しても損害賠償責任を負う。

Q⟨32⟩ 損害保険において、保険金額が保険の対象物の価
☐☐☐ 額に不足している場合に、不足割合によって保険
金額が削減して支払われることを実損てん補とい
う。

Q⟨33⟩ 国内旅行傷害保険では、細菌性・ウイルス性食中
☐☐☐ 毒については、補償の対象とならない。

Q⟨34⟩ 普通傷害保険では、細菌性食中毒になり通院した
☐☐☐ 場合、保険金支払の対象となる。

Q⟨35⟩ 普通傷害保険において、地震で倒れた食器棚の下
☐☐☐ 敷きになって足を怪我した場合は、保険金の対象
とはならない。

Q⟨36⟩ 普通傷害保険において、被保険者が犬の散歩中に
☐☐☐ 自動車にはねられたことにより入院した場合は、
原則として保険金支払の対象となる。

過去問チェック! [2021-1]

Q 居住用建物および家財を対象とした火災保険では、地震も
しくは噴火またはこれらによる津波を原因とする損害は、
補償の対象とならない。

A 31 ✗ 借家人は隣家に対して損害賠償責任を負わず、家主に対して損害賠償責任を負う。なお、家主に対しての賠償責任に備えるために一般に家財の火災保険に「借家人賠償責任補償特約」を付帯する。（ひっかけ）

A 32 ✗ 設問は、比例てん補の説明である。実損てん補とは、実際の損害額全額を保険金として支払うことである。

A 33 ✗ 国内旅行・海外旅行傷害保険では、細菌性・ウイルス性食中毒になった場合は補償される。

A 34 ✗ 細菌性食中毒やウイルス性食中毒は、補償対象外となる。このほか、熱中症や心臓発作も、補償対象外である。
頻出

A 35 ○ 普通傷害保険では地震、噴火またはこれらによる津波によって被った傷害は、保険金が支払われない免責事由の1つとなっている。その他、保険契約者または被保険者の故意または重大な過失、核燃料物質による事故などが事由で被った傷害なども免責である。

A 36 ○ 普通傷害保険は、国内外を問わず、日常生活におけるさまざまな傷害を保障する傷害保険である。急激・偶然・外来の事故でケガをした場合等に、死亡・後遺障害保険金や入院・手術給付金等が支払われる。

A ○ 火災保険では、火災、落雷、爆発、風災・ひょう災・雪災、消防活動による水漏れなどが保険金の支払い対象となる。しかし、地震・噴火またはそれらに起因する津波の損害は、地震保険に加入していなければ補償されない。

重要

Q 37 家族傷害保険において、被保険者本人(記名被保険者)またはその配偶者と生計を一にする別居の未婚の子は、被保険者とならない。

Q 38 自動車の対物賠償保険は、自動車事故によって建物を破損させ、賠償金を負うことによって被る損害については補償されない。

Q 39 食中毒や津波等によるケガは、海外旅行傷害保険の保険金支払の対象となる。

Q 40 一般的に個人賠償責任保険では、友人から借りたビデオカメラを破損した時は、補償対象外となる。

7 損害保険と税金　　　　　／3

Q 41 契約者(保険料負担者)と被保険者が同一である傷害保険契約により、相続人以外の者が受け取った死亡保険金は、贈与税の課税対象となる。

Q 42 被相続人の死亡により、相続人に支払われる死亡保険金(保険料負担者が被相続人であるもの)のうち、「1,000万円×法定相続人の数」で計算した金額を限度に相続税の非課税財産となるが、相続を放棄した者はこの法定相続人の数に含まれない。

Q 43 法人が契約した火災保険から、建物が焼失したことで火災保険金を法人が受け取った場合、火災保険金は益金となり、損害額は損金に算入される。

過去問チェック! [2021-9]

Q 店舗の床に清掃時の水が残っていたため、顧客が転倒・負傷した場合に、顧客に対して法律上の損害賠償責任を負うことによって被る損害を補償する保険として、施設所有(管理)者賠償責任保険がある。

A 37 ✕ 被保険者の範囲は、本人、配偶者、本人または配偶者と生計を一にする同居の親族および<u>別居</u>の未婚の子となる。

<small>ひっかけ</small>

A 38 ✕ 交通事故で<u>他人の財物</u>に損害を与えた場合に補償される。相手の車の修理費用や、ガードレール等の「もの」、店舗に車が突っ込んだ場合には<u>営業損害</u>等も補償の対象となる。

A 39 ◯ 食中毒、津波のほか、<u>地震</u>、<u>噴火</u>による傷害も補償する。
頻出

A 40 ◯ 一般的に個人賠償責任保険は、<u>借りているもの</u>を壊した場合の他、けんかや業務の遂行上のもの、<u>故意に損害を与えた</u>場合等は補償対象外である。

A 41 ✕ 贈与税ではなく、<u>相続税</u>の対象となるが、法定相続人以外の者が受け取った場合は、保険金の<u>非課税枠</u>の適用はない。

<small>ひっかけ</small>

A 42 ✕ 「<u>500万円</u>×法定相続人の数」で計算した金額が、相続税の非課税財産の限度額である。なお、相続を放棄した者も、法定相続人の数に含まれる。

A 43 ◯ 法人が、建物などの資産に損害を被って保険金を受け取り、代替の建物などを取得する際に、保険金が帳簿価額を超える金額に一時に課税されないよう、<u>圧縮記帳</u>を行うこともできる。

A ◯ 設問のとおり。工場・店舗などの施設の使用・管理またはその施設における仕事の遂行にともなって生じた偶然な事故に備える保険である。

第**3**章

金融資産運用

要/点/整/理/

一問一答Q&A(基本)
一問一答Q&A(重要)

FP技能検定3級　出題傾向と対策

　金融資産運用からは、「マーケット環境」や投資型金融商品である「投資信託」「債券投資」「株式投資」について、毎回多く出題されています。また、「経済用語」や「金融商品に関する税金」についての出題もみられます。債券の利回り、PER・PBR・配当利回り等の投資指標については計算問題が中心です。

　実技では、株式指標の計算問題、投資信託に関する用語やNISAについても内容をしっかり理解しておきましょう。

●これまでの出題傾向

	2024年1月			2023年9月			2023年5月			2023年1月			2022年9月		
	学科	実技		学科	実技		学科	実技		学科	実技		学科	実技	
		金	協会		金	協会		金	協会		金	協会		金	協会
1 マーケット環境の理解	❷		❶	❷			❷			❷			❷		
2 預貯金・金融類似商品等	❶					❶				❶		❶			
3 投資信託	❷			❷			❷	❶	❶	❷			❶	❶	❶
4 債券投資	❶	❷		❷			❷				❷		❷		
5 株式投資	❶	❶	❶	❷		❷	❶	❷	❶	❷	❶	❶	❶	❷	
6 外貨建商品	❶			❶	❷					❶		❶	❶		
7 保険商品															
8 金融派生商品			❶			❶						❶			
9 ポートフォリオ運用	❶					❶		❶	❶						
10 金融商品と税金				❶						❶			❶		❷
11 セーフティネット	❶		❶				❶		❶				❶		❶
12 関連法規															
13 金融資産運用の最新の動向															

（金：金財（個人資産相談業務）／協会：FP協会の出題数を表す）

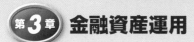

要点整理

第3章 金融資産運用

学習日

1 金融・経済の基礎知識　重要度 A

1 金融の基礎

①単利と複利と利回り

(1)単　利

　単利とは、最初に預け入れた元本に対してのみ利息が付く計算方法です。

(2)複　利　頻出

　複利とは、一定期間ごとに支払われる利息をそのつど元本に加え（＝再投資して）、これを新しい元本とみなして次の利息が付く計算方法です。

　再投資される期間に応じて、1カ月複利、半年複利、1年複利があります。

〈単利・複利、利息の付き方〉

$$単利 \Rightarrow 満期時元利合計 = 元本 + 利息$$
$$= 元本 + \left\{ 元本 \times \frac{年利率}{100} \times 預入期間 (\times 0.79685)^※ \right\}$$

※ （×0.79685）は20.315%課税後の元利合計を求める場合

$$複利 \Rightarrow 満期時元利合計$$
$$= 元本 \times \left\{ 1 + \frac{年利率^{※2}}{100} (\times 0.79685)^{※1} \right\}^{n※2}$$

※1 （×0.79685）は20.315%課税後の元利合計を求める場合
※2 1年複利の場合　　　n＝年数
　　半年複利の場合　　　n＝年数×2　　年利率÷2
　　1カ月複利の場合　　n＝年数×12　年利率÷12

(3)利回り（年平均利回り）

　利回り（年平均利回り）とは、ある一定期間に受け取る利息などの収益の合計額を運用期間で割り、最初の元本に対して1年あたり何%になるのかを計算したものです。

〈年平均利回りの計算式〉

$$年平均利回り（\%）＝\frac{収益合計}{元本}÷預入期間×100$$

②固定金利と変動金利

固定**金利**	預入時に約束された金利が満期まで変わらないもの
変動**金利**	世の中の金利水準の変化に応じて、預入期間中に適用される金利が見直されるもの

　固定金利は、金利低下局面で有利です。変動金利は、金利上昇局面で有利です。

2 経済の基礎

①経済動向の主な指標

GDP （国内総生産）	・一定期間に国内で生み出された財・サービスなどの付加価値の合計で、その国の経済規模を知ることができる。内閣府によって四半期ごとに公表
景気動向指数 実技	・さまざまな経済活動における重要かつ景気に敏感な指標を統合し、景気の現状把握や将来予測をするための総合的な景気指標。内閣府が毎月発表 ・景気に対して先行して動く先行指数、一致して動く一致指数、遅れて動く遅行指数の3種類があり、景気の現状を判断する場合には一致指数を用いる ・従来は、景気DI（Diffusion Index）を中心に公表されていたが、景気の局面の判断だけであった景気DIに対し、2008年4月からは景気変動の大きさなどをみることができる景気CI（Composite Index）による公表が中心となっている
日銀短観	・正式名称は「全国企業短期経済観測調査」 ・日本銀行が経営者に対して行うアンケート調査をまとめたもの（3・6・9・12月の年4回実施） ・景気の現状と先行きに対しての経営者の意見を数値化したのが業況判断DI（業況が「良い」と答えた会社の割合から、業況が「悪い」と答えた会社の割合を引いて表される）

物価指数	・企業間で取引されている商品の価格変動を表す指数を企業物価指数といい、日本銀行が毎月公表している ・消費者が購入する商品やサービスの価格変動を表す指数を消費者物価指数といい、総務省が毎月公表している

②インフレーション(インフレ)とデフレーション(デフレ)

インフレーション	物価が持続的に上昇する状態。相対的に貨幣価値が下がること
デフレーション	物価が持続的に下落する状態。相対的に貨幣価値が上がること

③金融政策

金融政策とは、物価を安定させて健全な経済成長の持続を図るために、中央銀行である日本銀行が通貨および金融市場の調節を行うことです。

(1)公開市場操作(オペレーション)

日本銀行が金融機関を相手に手形や国債等の売買を行い、金融市場の資金量を調整することをオペレーション(公開市場操作)といい、買いオペレーションと売りオペレーションがあります。

買いオペレーション	日本銀行が市場から国債等の有価証券を買い入れて資金を金融市場に供給するオペレーション。 市場の資金量が増加し、金利の低下要因となる
売りオペレーション	日本銀行が保有している国債等の有価証券を売却し、金融市場から資金を吸収するオペレーション。 市場の資金量の減少から、金利の上昇要因となる

(2)預金準備率操作(支払準備率操作)

金融機関が、預金残高に応じて日本銀行に預け入れることを義務付けられている割合を預金準備率(支払準備率)といい、この割合を引き上げたり、引き下げたりすることによって調整することを預金準備率操作(支払準備率操作)といいます。

預金準備率の引き下げ	日本銀行に預け入れる資金が減少するため、市場の資金量が増加し、金利の低下要因となる
預金準備率の引き上げ	日本銀行に預け入れる資金が増加するため、市場の資金量が減少し、金利の上昇要因となる

④金利の変動要因

　お金のレンタル料である金利は、さまざまな要因で変動します。

　基本的に、**短期金利**はその時々の資金需要や金融政策によって変動し、**長期金利**は景気、物価、為替、海外金利などの将来の見通しの影響を受けて変動します。

〈金利の変動要因に対する金利の動き〉

変動要因	国内景気		国内物価		為替相場		海外金利	
	好況	不況	上昇	下落	円安	円高	上昇	低下
長期金利	↗	↘	↗	↘	↗	↘	↗	↘

2 貯蓄型金融商品の基礎知識　　重要度 B

1 金融商品の特徴

　金融商品には、安全性、流動性、収益性の大きな3つの要素があります。

安全性	元金や利息の支払いについての確実性
流動性	必要なタイミングに自由に現金化できるかどうかの換金性
収益性	収益がどのくらい上がるかという利殖性

①銀行で扱う貯蓄型商品

普通預金	預入期間の制限がなく、いつでも出し入れ自由。 金利は変動金利
総合口座	普通預金に定期預金等がセットされたもの。 セットした定期預金等を担保に、自動的に融資が受けられる
スーパー定期	・預入金額は1円以上1円単位 ・預入は1カ月以上10年以内、固定金利 ・預入3年未満のものは単利型のみ、3年以上は単利型と半年複利型(個人のみ)が選択できる

②ゆうちょ銀行で扱う貯蓄型商品

通常貯金	・預入期間の制限がなく、いつでも出し入れ自由 ・金利は変動金利
定額貯金	・預入金額は1,000円以上1,000円単位 ・預入期間は6カ月以上で最長10年 ・金利は固定金利で、半年複利商品。引き出しまでの期間に応じて適用金利が変わる段階金利
定期貯金	・預入金額は1,000円以上1,000円単位 ・預入期間は1カ月以上で最長5年 ・金利は固定金利。3年未満は単利型のみで、3年以上は半年複利型のみ

3 投資型金融商品の基礎知識

①債　券

①債券とは

債券とは、国や企業など、資金を調達しようとする発行体が、お金を借りた証として利息の支払いや元本の返済を約束して発行する証書のことです。

②債券の種類

⑴公共債・民間債

発行体によって、公共債と民間債に分けられます。

	公共債			民間債	
	国　債	地方債	政府関係 機関債	社債・ 事業債	金融債
発行体	政府	都道府県、 市町村	政府関係 機関	事業会社	金融機関

⑵利付債と割引債

利付債	毎年一定時期(1年ごと・半年ごと)に利子の支払いがある
割引債	利子の代わりに額面より低額で発行され、額面金額で償還される

③主な債券

⑴個人向け国債

個人に限定して発行していて、中途換金時には国が買い取りを保証している国債です。額面1万円単位で購入できます。

	個人向け国債 変動10	個人向け国債 固定5	個人向け国債 固定3
満　期	10年	5年	3年
金利方式	6カ月ごとの 変動金利	固定金利（利払いは半年に1回）	
金利水準	基準金利×0.66 (0.05%最低保証)	基準金利−0.05% (0.05%最低保証)	基準金利−0.03% (0.05%最低保証)
発行時期	毎月		
換金または売却	1年経過後は額面金額にて途中換金可能。ただし直前2回分の利子相当額（税引前）×0.79685の手数料が必要		
税　金	20.315%の源泉分離課税 （マル優・特別マル優が利用できる）		

④債券の利回り計算

債券の利回りには、応募者利回り、最終利回り、所有期間利回り、直接利回りの4種類があります。

⑴応募者利回り

新規発行時に債券を購入し、そのまま償還期限まで保有した場合の利回りのことをいいます。

$$応募者利回り（\%）＝\frac{表面利率＋\dfrac{額面（100円）－発行価格}{償還年限}}{発行価格}×100$$

⑵最終利回り

既に発行され、市場で売買されている債券を時価で購入し、そのまま償還期限まで保有した場合の利回りのことをいいます。

$$最終利回り（\%）＝\frac{表面利率＋\dfrac{額面（100円）－購入価格}{残存期間}}{購入価格}×100$$

⑶所有期間利回り

債券を償還期限まで保有しないで、途中で売却した場合の利回りのことをいいます。

$$\text{所有期間利回り(\%)} = \frac{\text{表面利率} + \dfrac{\text{売却価格} - \text{購入価格}}{\text{所有期間}}}{\text{購入価格}} \times 100$$

⑷直接利回り

償還時の差損益を考慮しないで、購入金額に対して毎年いくらの利息収入があるかをみる場合の利回りのことをいいます。

$$\text{直接利回り(\%)} = \frac{\text{表面利率}}{\text{購入価格}} \times 100$$

⑤債券投資のポイント

⑴金利変動リスク〈債券の価格と利回りの関係〉

債券価格が上昇すると利回りは下がり、債券価格が下がれば利回りは上昇します。常に逆の動きをします。

⑵信用リスク〈格付け〉

発行体の債務不履行が発生するリスクを、信用リスク(デフォルトリスク)といいます。信用リスクを測る材料として、格付機関により公表されている格付けがあり、記号によって投資適格債と投機的債券に分けられます。

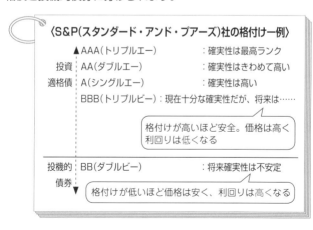

〈S&P(スタンダード・アンド・プアーズ)社の格付け一例〉

▲ AAA(トリプルエー)	：確実性は最高ランク
投資	AA(ダブルエー)	：確実性はきわめて高い
適格債	A(シングルエー)	：確実性は高い
	BBB(トリプルビー)	：現在十分な確実性だが、将来は……

格付けが高いほど安全。価格は高く利回りは低くなる

| 投機的 | BB(ダブルビー) | ：将来確実性は不安定 |

格付けが低いほど価格は安く、利回りは高くなる

⑶**その他のリスク**

　政治的、経済的な要因によって、その国の通貨の信用がなくなるなどのリスクを**カントリーリスク**、満期前に途中で償還されてしまい、予定した期間の運用ができなくなってしまうリスクを**途中償還リスク**といいます。また、必要な時に売却できず、現金化することが困難になるリスクを**流動性リスク**といいます。

②株　式

①株式の売買

　一般的に、証券取引所に上場している会社の株式を売買することを指します。

②代表的な株価指数

日経平均株価	東京証券取引所プライム市場に上場している銘柄のうち主要な225銘柄を選んで算出する修正平均株価
東証株価指数 （TOPIX）	東証株価指数採用銘柄を対象に、株価を発行済株式数で加重平均した時価総額指数
JPX日経 インデックス400	東京証券取引所に上場している銘柄のうち、一定基準を満たした400銘柄で構成される指数

③株式評価の尺度

⑴**配当利回り**

　配当利回りとは、投資金額に対する配当金の割合のことです。

$$配当利回り（\%）＝\frac{1株あたり配当金}{株　価}×100$$

⑵**PER（株価収益率）**

　株価が1株あたりの純利益の何倍になっているかをみる投資指標です。PERは、数値が高いほど株価が割高で、低いほど株価が割安と判断されます。

$$PER（倍）＝\frac{株　価}{1株あたり純利益}$$

⑶ PBR（株価純資産倍率）

株価が1株あたりの純資産の何倍になっているかをみる投資指標です。PBRは、数値が高いほど株価が割高で、低いほど株価が割安と判断されます。

$$PBR（倍）＝\frac{株\quad 価}{1株あたり純資産}$$

⑷ ROE（自己資本利益率）

会社が自己資本を元としてどれだけの利益をあげたかをみる投資指標です。ROEが高いほど投資価値が高くなります。

$$ROE（\%）＝\frac{当期純利益}{自己資本}×100$$

④ 株式にかかる税金

⑴ 配当金に対する課税

株式の配当金は配当所得となり、上場株式等の場合、原則として源泉徴収され納税が完了します。なお、確定申告を行い申告分離課税にして株式の譲渡損失と損益通算をすることや、総合課税にして配当控除の適用を受けることも可能です。

⑵ 売却益に対する課税

上場株式等の売却益に対する課税は、原則申告分離課税です。

〈税　率〉
20.315%（所得税15.315%・住民税5%）

譲渡損失が出た場合は課税されません。また、他の株式の譲渡益との内部通算や申告分離課税を選択した配当所得との損益通算によっても控除しきれなかった損失は、翌年以降3年間の株式等の譲渡所得の金額から控除できます（譲渡損失の繰越控除）。

⑶ 少額投資非課税制度（NISA）

毎年一定金額の範囲内で株式や投資信託などの金融商品を購入した場合、売却して得た利益や受け取った配当等が非課税になる制度です。

〈2024年以降　NISA（つみたて投資枠と成長投資枠）〉

	つみたて投資枠 （併用可）	成長投資枠
年間投資枠	120万円(積立投資)	240万円
非課税保有期間	無期限	
非課税保有限度額	1,800万円※1（うち成長投資枠1,200万円）	
口座開設期間	恒久化	
投資対象商品	要件を満たした投資信託等	上場株式・投資信託※2等
対象年齢	18歳以上	

※1 翌年以降に枠の再利用が可能
※2 信託期間20年未満、高レバレッジ型・毎月分配型など除く

〈2023年まで　つみたてNISAと一般NISA〉

	つみたてNISA 〈選択制〉	一般NISA
年間投資枠	40万円(積立投資)	120万円
非課税保有期間	最長20年間※1	最長5年間※1

※1 途中売却可。ただし、売却した枠の再利用不可
* 0歳〜17歳を対象とするジュニアNISA（年間投資枠：80万円）は2023年で廃止されたが、18歳になるまで非課税で保有できる

　2023年までのNISAで投資した商品は、2024年からのNISAの外枠で非課税措置(20年・5年)が適用されます。ただし、2024年以降にロールオーバー(移換)はできません。NISA口座で発生した損失は、他の口座(特定口座・一般口座)で発生した利益と損益通算はできず、損失の繰越控除もできません。

3 投資信託

① 投資信託とは

　投資信託とは、**不特定多数**の投資家から集めた資金を1つにまとめて**専門家**が運用し、そこで得た利益を**投資家**に分配する金融商品のことをいいます。

② 投資信託の種類

投資対象	株式投資信託	運用対象に一定限度内または無制限に**株式を組み入れる**ことが可能な投資信託
	公社債投資信託	運用対象に株式を一切組み入れることができない投資信託。主な商品にMRF、MMFなどがある
	不動産投資信託	投資家から集めた資金で、不動産を購入し、賃貸収入や売却益などを分配するもの。REITともいう

| 運用スタイル | パッシブ運用 | ・あらかじめ定められた投資指標(ベンチマーク)の動きに、できる限り連動することをめざす
・パッシブ運用の代表的な商品として、インデックスファンドがあげられる |
| | アクティブ運用 | 投資対象の目安となる指標(ベンチマーク)を上回る収益の獲得をめざす |

③投資信託のディスクロージャー

| 目論見書
<small>もくろみしょ</small> | 投資信託委託会社(運用会社)が作成する投資信託の説明資料のことで、当該投資信託の運用対象や運用手法、手数料などの詳細が記載されたもの。ファンドを購入すると同時に必要な「交付目論見書」と投資家から請求があったときに必要な「請求目論見書」がある |
| 運用報告書 | 投資信託の運用実績や現在の状況、今後の運用方針などを投資家に報告するための資料。決算期ごとに投資信託委託会社が作成し、投資家に交付することが義務付けられている |

④投資信託の取引にかかる基本用語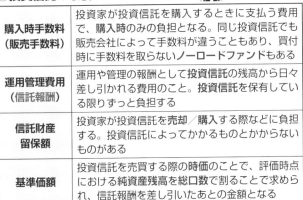

購入時手数料 (販売手数料)	投資家が投資信託を購入するときに支払う費用で、購入時のみの負担となる。同じ投資信託でも販売会社によって手数料が違うこともあり、買付時に手数料を取らないノーロードファンドもある
運用管理費用 (信託報酬)	運用や管理の報酬として投資信託の残高から日々差し引かれる費用のこと。投資信託を保有している限りずっと負担する
信託財産留保額	投資家が投資信託を売却/購入する際などに負担する。投資信託によってかかるものとかからないものがある
基準価額	投資信託を売買する際の時価のことで、評価時点における純資産残高を総口数で割ることで求められ、信託報酬を差し引いたあとの金額となる

⑤投資信託の税金
(1)公社債投資信託の課税関係

　公社債投資信託の分配金は源泉徴収後、申告不要または**申告分離課税**が選択できます。売却益は譲渡所得として**申告分離課税**となります。

⑵ 株式投資信託の課税関係

株式投資信託の収益分配金は、普通分配金と元本払戻金(特別分配金)に分かれます。

普通分配金	個別元本を上回る部分からの分配金のため、配当所得として課税対象。株式の配当と同様
元本払戻金 (特別分配金)	個別元本の払戻しという位置付けなので非課税

⑶ 不動産投資信託の課税関係

不動産投資信託の課税関係は、すべて上場株式と同じ扱いになりますが、配当控除の適用を受けることはできません。

④ 外貨建て商品

① 為替リスクと為替レート

外貨建て金融商品を利用する際は、まずお金を「円→外貨」に交換し、運用したあとには「外貨→円」に交換することが必要となります。その際に円と外貨を交換することを外国為替といい、交換するレートを外国為替レートといいます。

TTS (対顧客電信売相場)	円を外貨に替えるときのレート TTMに手数料を加えたレート
TTM(仲値)	銀行間の取引レート
TTB (対顧客電信買相場)	外貨から円に替えるときのレート TTMから手数料を引いたレート

為替レートが変動することで、収益や損失が出ることがあります。これを為替リスクといいます。

〈為替リスクのイメージ〉

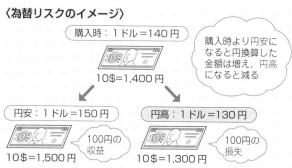

⑤ デリバティブ（金融派生商品）

① オプション取引

　オプション取引とは、ある商品を将来の特定の日に、現時点で決めた価格（権利行使価格）で売買する権利を売買する取引のことです。

　買う権利のことを**コール・オプション**といい、売る権利のことを**プット・オプション**といいます。

② 先物取引

　先物取引とは、ある商品を将来の特定の日に、現時点で決めた価格で売買することを約束する取引のことです。

　予想どおりに価格が動くと**利益を得ます**が、予想と反対の値動きになった場合は**損失を被る**ことになります。

4	ポートフォリオ理論	

① ポートフォリオの基礎知識

① リスクとリターン

　投資におけるリターンとは、資産運用によって得られる結果のことをいい、一般的には投資による**収益**を表します。

　一方、投資におけるリスクとは、将来に得られるリターンの**不確実性**のことで、損をすることを表すものではありません。

〈リスクとリターンのイメージ〉

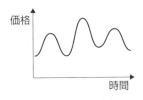

ハイリスク・ハイリターン

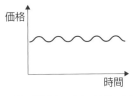

ローリスク・ローリターン

　リスクが大きいとは、リターンのブレが**大きい**ことで、大きなリターンを求めるとリスクも大きくなり、リスクが小さいとリターンも小さくなります。これを**ハイリスク・ハイリターン**、**ローリスク・ローリターン**といいます。

②リスクの種類

金融商品の主なリスクには、以下のようなものがあります。

信用リスク	金融機関や投資先が破綻して元本が減少する
金利変動リスク	市場金利により債券価格が変動して資産価値が変動する
価格変動リスク	株価などが変動して資産価値が変動する
為替変動リスク	為替が変動して資産価値が変動する

③分散投資

リスクを軽減するためには、分散投資が有効とされます。分散投資には、以下のような方法があります。

投資対象の分散	・銘柄分散…株式や債券などを、1銘柄ではなく、複数の銘柄に分散 ・資産分散…国内株式市場や海外債券市場といった異なる資産クラスに分散する　など
投資タイミングの分散	一時期に投資すると高値で購入するリスクがあるが、投資時期を分けることで価格変動のリスクを軽減させる。代表的な方法に、定期的に継続して一定額ずつ購入していくドル・コスト平均法がある

④相関係数

相関係数とは、投資対象を分散する際に考えるもので、それぞれの資産（商品）間の値動きにどのような関係があるのかを知ることができるものです。

相関係数＝−1	負の完全相関。まったく逆方向へ値動きをする
相関係数＝0	無相関。値動きにまったく連動性がない
相関係数＝1	正の完全相関。まったく同じ方向へ値動きをする

相関係数は、−1から1の間の数字で表します。

5 金融商品に関する法律

1 金融機関破綻時の消費者保護

①預金保険制度

金融機関が破綻した場合に預金者を保護する制度です。国内に本店のある、銀行・信託銀行・信用金庫などが対象となります。金融機関が破綻した際、1つの金融機関ごとに、預金者1人につき元本1,000万円までとその利息が保護対象となります。

保護対象となる金融商品	普通預金・定期預金等 ＊ 決済用預金は全額保護対象
保護対象とならない金融商品	外貨預金・譲渡性預金等

2 金融商品取引法

投資性のある金融商品を取引する際の利用者保護と取引等を公正にし有価証券の流通を円滑にするなどの目的で制定されています。

適合性の原則	業者は顧客の知識、経験、財産の状況および契約の締結目的に照らして、投資者保護の観点から不適切な勧誘を行ってはならない
広告の規制	業者は取引内容の広告を行う場合、リスクや手数料を明示し、顧客にとって不利益な事項の開示などに留意して、わかりやすい大きな文字で明記しなければならない
契約締結前書面の事前交付義務	業者は契約を締結しようとするときは、事前に商号・氏名・住所・登録番号などを明示した書面を、顧客に交付しなければならない
特定投資家制度	投資家を特定投資家(機関投資家、国、日本銀行など)と一般投資家(アマチュア、個人)に分類し、特定投資家には規制の一部除外が認められている

3 金融サービスの提供に関する法律(金融サービス提供法)

金融サービス提供法は、多様化している金融商品の取引におけるトラブルから消費者を保護するための法律です。

業者は顧客に対して、取引を行おうとする商品についての価格変動リスクや信用リスク、解約期間の制限、価格変動等以外

の要因による元本欠損が生じる恐れなどの重要事項についての説明を行う義務があります。

　これらの説明義務を果たさないことで顧客が損害を被った場合、業者は**損害賠償責任**を負うことになります（無過失責任）。なお、この際は、**元本欠損額**が損害額と推定されます。ほぼすべての金融商品が対象となりますが、**商品先物取引**（国内）は対象外です。

適用対象	・金融商品にかかる契約 ・個人および事業者（プロを除く）が保護される
適用される場合	以下の重要事項の**説明義務**に違反した場合 ・元本欠損を生ずるおそれの有無とその要因 ・権利行使期間の制限等
法律の効果	元本の欠損額を損害として**損害賠償請求**することができる

4 消費者契約法

　消費者契約法は、情報などに格差のある消費者と事業者の間の契約全般に適用され、消費者の保護を目的とした法律です。対象となる消費者は**個人のみ**となります。

　事業者の不正な行為によって、消費者が誤認・困惑したうえで契約を締結した場合には、**契約を取り消す**ことができます。

適用対象	・消費者と事業者の間で交わされる契約全般 ・個人が保護される
適用される場合	・重要事項に関して誤認させた場合 ・不退去、監禁など消費者を困惑させる行為をした場合 ・消費者に一方的に不利益な契約条項がある場合
法律の効果	・契約を取り消すことができる ・一方的に不利益な契約条項は無効となる

金融サービス提供法と消費者契約法は、要件にあてはまれば同時に適用を受けることができます。

135

1 金融・経済の基礎知識 /11

Q〈01〉
オープン市場の１つであるコール市場において、金融機関は、相互に日々の短期的な資金の過不足を調整するための取引を行っている。

Q〈02〉
金融市場には、金融商品の満期までの期間により１年未満の短期金融市場と１年以上の長期金融市場がある。

Q〈03〉
オープン市場とは、金融機関以外の一般の企業も参加できる市場のことである。

Q〈04〉
GDP（国内総生産）は、一定期間内に国内で生産された財・サービスなどの付加価値の合計を指す。

Q〈05〉
景気動向指数を構成する個別系列のうち、先行系列を構成する１つに、有効求人倍率がある。

Q〈06〉
インフレーション（インフレ）とは、一般に、物価が継続的に上昇し、それにつれて貨幣価値が下落することをいい、資金需要が高まるので金利は上昇する。

過去問チェック！ [2022-9]

Q
日本銀行の金融政策の１つである公開市場操作（オペレーション）のうち、国債買入オペは、日本銀行が長期国債（利付国債）を買い入れることによって金融市場から資金を吸収するオペレーションである。

> **🔑 勉強のコツ❶**
>
> ３つの金融商品(投資信託、株式投資、
> 債券投資)に関する問題は頻出です。
> 仕組みを理解しましょう。

A〈01〉 ✕ コール市場とは、オープン市場ではなく<u>インターバンク市場</u>の１つで、金融機関が<u>1年未満</u>の資金調達を行う市場である。 ［ひっかけ］

A〈02〉 ◯ 金融市場では、満期までの期間が<u>1年未満</u>を短期、<u>1年以上</u>を長期としている。なお、短期金融市場には、インターバンク市場とオープン市場がある。

A〈03〉 ◯ インターバンク市場の取引参加者は、金融機関に<u>限定</u>される。

A〈04〉 ◯ GDPは国内総生産なので、たとえ日本企業であっても海外で生産された付加価値は<u>含まれない</u>。一方、
頻出 外国の企業によって<u>日本国内</u>で生産された付加価値は、日本のGDPに含まれる。

A〈05〉 ✕ 有効求人倍率は、先行系列、一致系列、遅行系列の
 中の、<u>一致系列</u>に含まれる。

A〈06〉 ◯ 反対にデフレーション(デフレ)とは、物価が持続的に<u>下落</u>する状態のことで、相対的に貨幣価値が<u>上がり</u>、資金需要の低下にともなって金利も<u>下落</u>する。

 ✕ 国債買入オペは、日本銀行が長期国債(利付国債)を買い入れることによって、金融市場に資金を供給するオペレーションである。市場の資金量が増加し、金利の低下要因となる。

基本

Q〈07〉 アメリカ(ドル)の金利が日本の金利よりも高い場合、一般に海外の債券に対する投資需要が増えるため、円高ドル安の要因となる。

Q〈08〉 経済の成長率は、物価変動を考慮した「実質GDP成長率」で判断する。

Q〈09〉 企業物価指数は、家計が購入する商品やサービスの価格変動を表した指数のことで、総務省が発表している。

Q〈10〉 一般に、所得税の減税を行うと、日本の株式市場における株価は上昇する。

Q〈11〉 業況判断DIの上昇は、一般的には景気が悪化していることを示すため、株価の下落要因となる。

---

2 貯蓄型金融商品の基礎知識　　　／4

Q〈12〉 金利上昇が予想される場合には、一般的には長期の固定金利商品を選択するのが有利である。

Q〈13〉 遺族基礎年金の受給者である妻は、マル優(少額貯蓄非課税制度)を利用できる。

Q〈14〉 スーパー定期の利息に対する税金は、源泉分離課税となり、マル優が利用できない。

📄 **過去問チェック!** [2023-9(加工)]

> **Q** 一定期間内に国内で生産された財やサービスの付加価値の合計額から物価変動の影響を取り除いた指標を、名目GDPという。

A〈07〉 ✕　アメリカの金利が高いと、アメリカに投資するために<u>ドルが買われ</u>、それにともなって<u>円が売られる</u>こととなり、<u>円安ドル高</u>になる。

頻出

A〈08〉 ◯　GDP成長率には、物価変動を考慮した「<u>実質</u>GDP成長率」と物価変動を考慮しない「<u>名目</u>GDP成長率」がある。

A〈09〉 ✕　家計が購入する商品やサービスの価格変動を表す指数は、<u>消費者物価指数</u>である。企業物価指数は、<u>企業間</u>の取引や貿易取引における商品の価格変動を表した指数で、<u>日本銀行</u>が発表している。（ひっかけ）

頻出　実技

A〈10〉 ◯　所得税の減税は、消費者の可処分所得が増えることとなり、消費が刺激される効果があるため、景気の<u>好転</u>が見込め、株価の<u>上昇</u>要因となる。

A〈11〉 ✕　日銀短観の中の業況判断DIの上昇は、景気が好転していることを示しているものなので、通常は株価の<u>上昇</u>要因となる。

A〈12〉 ✕　金利上昇時には、一般的に<u>変動金利</u>商品を選択したほうが、金利上昇の恩恵を受けられる。

A〈13〉 ◯　マル優は、所得を得ることが困難な人に対する配慮として1人あたり元本350万円までの預貯金に対する利子を<u>非課税</u>扱いにする制度である。

A〈14〉 ✕　銀行などの<u>預貯金</u>は、マル優制度が利用<u>できる</u>。そのほか、公社債投資信託や国債なども対象である。

A ✕　GDPには、物価変動の影響を取り除いた実質GDPと、物価変動を考慮しない名目GDPがある。

139

基本

Q⟨15⟩ 大口定期預金は一般的に1,000万円以上1円単位で預け入れができ、単利か複利かを選択できる。

3 投資型金融商品の基礎知識 　　/20

Q⟨16⟩ 債券の表面利率(クーポンレート)とは、額面金額に対する1年間の利息の割合のことである。

Q⟨17⟩ 債券が新規発行される際の発行価格が額面金額よりも高い場合を、パー発行という。

Q⟨18⟩ 債券の「応募者利回り」とは、購入金額に対してどれだけの利息が得られるかをみる利回りである。

Q⟨19⟩ 債券の信用リスクとは、一般的に債券の発行元の破綻などにより、元本の全部または一部が戻ってこなくなるリスクである。

Q⟨20⟩ 格付けがBBB以下の債券を、一般的には投機的債券という。

Q⟨21⟩ 個人向け国債は、3年満期、5年満期、10年満期のものがあり、3年満期は毎月発行されるが、5年満期と10年満期のものは年4回(四半期に1回)の発行である。

Q⟨22⟩ 10年満期の個人向け国債は、変動金利型で半年ごとに利払いがあり、1万円から購入できる。

Q⟨23⟩ 株式売買委託手数料は、各証券会社が自由に設定できる。

📄 **過去問チェック!** [2023-5]

Q 一般に、残存期間や表面利率(クーポンレート)が同一であれば、格付の高い債券ほど利回りが低く、格付の低い債券ほど利回りが高くなる。

A⟨15⟩ ✕ 大口定期預金は<u>単利のみ</u>である。

A⟨16⟩ ○ 固定利付債であれば、表面利率は<u>発行時</u>に決められ、<u>償還時</u>まで変わることはない。

A⟨17⟩ ✕ 発行価格のほうが高い場合を<u>オーバーパー</u>発行という。

A⟨18⟩
頻出 ✕ 「応募者利回り」とは、新発債券を購入し<u>償還期限</u>まで保有した場合の利回りである。問題文の説明は、「<u>直接利回り</u>」となる。

A⟨19⟩ ○ <u>デフォルトリスク</u>ともいう。債券の発行元の信用リスクを測る尺度の1つとして、格付け会社の格付けがある。

A⟨20⟩
実技 ✕ <u>BB以下</u>の債券を投機的債券といい、<u>BBB以上</u>の債券を投資適格債という。

A⟨21⟩ ✕ 5年満期と10年満期のものは四半期に1回発行であったが、2014年1月発行分より<u>毎月</u>発行に変更となっている。3年満期のものは以前から<u>毎月</u>発行である。

A⟨22⟩ ○ 10年満期に限らず、個人向け国債は、すべて額面<u>1万円</u>から購入できる。

A⟨23⟩ ○ <u>取引金額</u>および注文形態などにより、<u>自由に設定</u>できる。

A ○ 他の条件が同一であれば、格付の高い債券ほど安全性が高いため債券価格は高く、利回りが低くなり、格付の低い債券ほど債券価格は安く、利回りは高くなる。

Q⟨24⟩ 株式の売買を指値注文すると、買い注文では高い価格での注文が優先される。

Q⟨25⟩ 東証株価指数は、東京証券取引所に上場する代表的な225銘柄から構成される、修正平均型の株価指標である。

Q⟨26⟩ 国内上場株式等の配当金は配当所得となり、10.147%(所得税7.147%・住民税3%)の税率で源泉(特別)徴収される。

Q⟨27⟩ 投資信託のコストのうち、信託財産留保額は投資信託を解約または購入する際に換金代金などから差し引かれファンドに戻されるもので、戻されたあと基準価額や収益分配金に反映される。

Q⟨28⟩ ETFは証券取引所に上場されている投資信託で、取引時間中であればいつでも時価で売買できる。

Q⟨29⟩ 投資信託の目論見書にはその投資信託の概要や特色、リスク、運用実績などが記載されており、投資信託委託会社が作成している。

Q⟨30⟩ 販売手数料がかからない投資信託のことを、一般的に「ノーロードファンド」と呼ぶ。

Q⟨31⟩ 目標とするベンチマークの値動きに連動する運用スタイルを、パッシブ運用という。

過去問チェック! [2022-9]

Q 株式投資信託の運用において、個別銘柄の投資指標の分析や企業業績などのリサーチによって投資対象とする銘柄を選定し、その積上げによりポートフォリオを構築する手法を、ボトムアップ・アプローチという。

A〈24〉 ○ 頻出 🎯
買い注文では、高い価格での注文が優先され、売り注文では低い価格での注文が優先される。

A〈25〉 ✕
東証株価指数（TOPIX）は、株価を発行済株式数で加重平均した時価総額指数である。この問題は、日経平均株価についての説明である。

A〈26〉 ✕
国内上場株式等の配当金の源泉徴収税率は、20.315％（所得税15.315％・住民税5％）である。

A〈27〉 ○
信託財産留保額は、投資家間の公平性を保つために設けられているが、すべてのファンドに設定されているわけではない。

A〈28〉 ○ 実技
ETF（株価指数連動型上場投資信託）は、1日の中で価格が変動する商品で、株式と同様の売買が可能である。
（ひっかけ）

A〈29〉 ○
投資信託を販売する際に同時に交付が必要な交付目論見書と、投資家から請求があったときに直ちに交付しなければならない請求目論見書がある。

A〈30〉 ○
販売会社によって、同じファンドであっても手数料が異なる場合がある。

A〈31〉 ○
ベンチマークを上回ることをめざす運用スタイルを、アクティブ運用という。なお、パッシブ運用の代表的な商品が、インデックスファンドである。

A ○
設問のとおり。なお、経済・社会・政治などを取り巻く環境の分析から、業種別や国・地域別の比率を決めて、組入れ銘柄を選ぶ投資手法を、トップダウン・アプローチという。

Q⟨32⟩ 投資信託の運用において、グロース型運用とは、一般的に、企業の業績や財務内容等からみて、株価が割安な水準にあると判断される銘柄を選択して投資する手法をいう。

Q⟨33⟩ TTSとは、顧客が円を外貨に替えて外貨預金をする際に適用される為替レートで、TTMから手数料を引いたレートである。

Q⟨34⟩ 為替市場全体の動向として、米ドルを売って日本円を買う取引が増加すると、円高・米ドル安の要因となる。

Q⟨35⟩ 店頭やインターネットなどで公表されている外貨建てMMFの利回りは、あくまで過去の実績であり、将来の利回りを示しているものではない。

4 金融商品に関する法律　　　　／3

Q⟨36⟩ 預金保険制度により全額保護される決済用預金とは、決済サービスを提供できること、預金者が払戻しをいつでも請求できること、利息が付かないこと、の3要件を満たす預金のことである。

Q⟨37⟩ 国内の銀行に預け入れた外貨預金は、預金保険制度による保護の対象とならない。

Q⟨38⟩ 国内に本店のある銀行に以下の預金を預け入れている。もしこの銀行が破綻した場合、預金保険制度により保護される金額は、円定期預金700万円と外貨預金300万円とその利息である。
＜預け入れている預金＞
円定期預金：1,500万円　外貨定期預金：300万円

📄 **過去問チェック!** [2020-9（加工）]

Q　異なる2資産からなるポートフォリオにおいて、2資産間の相関係数が＋1である場合、ポートフォリオを組成することによる分散投資の効果（リスクの低減効果）は理論上最大となる。

A〈32〉 ✕

頻出

問題は<u>バリュー型</u>運用の説明である。グロース型投資とは、一般的に、企業業績や収益の<u>成長</u>が期待できる銘柄を選択して投資する手法をいう。（ひっかけ）

A〈33〉 ✕

TTSは、顧客が円を外貨に替える際に適用される為替レートで、TTMに手数料を<u>加えた</u>レートである。（ひっかけ）

A〈34〉 ◯

例えば、1ドル＝120円が、1ドル＝110円になれば、<u>円高・ドル安</u>、1ドル＝130円になれば、<u>円安・ドル高</u>である。

A〈35〉 ◯

MMFは投資対象に株式を含まない<u>公社債投資信託</u>の一つで、利回りは運用実績による。

A〈36〉 ◯

普通預金や定期預金などは、1金融機関ごとに預金者1人につき元本<u>1,000</u>万円までとその利息が保護対象となる。

A〈37〉 ◯

<u>外貨定期預金</u>のほか、譲渡性預金や元本補てん契約のない<u>金銭信託</u>、保護預り専用以外の<u>金融債</u>なども保護の対象ではない。

A〈38〉 ✕

<u>外貨預金</u>は預金保険制度の<u>対象外</u>なので、銀行が破綻した際に保護の対象となるのは、<u>円定期預金</u>のうち1,000万円とその利息のみである。

A ✕

分散投資の効果が最大となるのは、相関関係が－1のときである。

145

1 金融・経済の基礎知識 /10

Q 01 1,000万円を、期間5年、利率1%の単利型商品に投資した場合、満期時の税引き後(税率20.315%)の元利合計金額は、1,050万円である。

Q 02 元本130万円を、年利2%(1年複利)で3年間運用した場合の3年後の元利合計額は、税金や手数料を考慮しなければ、137万9,000円である。なお、算出した金額は円未満を切り捨てている。

Q 03 景気動向指数のDI(ディフュージョン・インデックス)は、景気の局面(上昇・下降)の判断には有効であり、景気変動の大きさや量感の判定にも適している。

Q 04 景気動向指数を構成する個別系列のうち、先行系列を構成する1つに、マネーストック(M2)がある。

Q 05 日銀短観の業況判断DIは、収益を中心とした全般的な業況に関して、調査対象企業に「良い」、「さほど良くない」、「悪い」という3つの選択肢の中から1つを回答してもらい、「良い」の回答社数構成比から「悪い」の回答社数構成比を差し引いて算出される。

📄 **過去問チェック!** [2020-1]

Q 一般に、景気動向指数のコンポジット・インデックス(CI)の一致指数が上昇しているときは、景気の拡張局面といえる。

勉強のコツ❷（実技編）

金利や利回りの計算、債券の利回り計算のほか、PERやPBRなどの計算式を使った問題が出題されます。

A〈01〉 ✕ 単利で運用する際、税引き前の元利合計が1,050万円。税引き後は10,398,425円となる。

A〈02〉 頻出 ✕ 複利運用の場合の税前の満期時元利合計額は、130万円×(1+0.02)³＝137万9,570円である。

A〈03〉 頻出 ✕ 景気動向指数のDIは、景気の局面の判断に有効で、景気CIは、主として景気変動の大きさや量感を判定するのが目的である。

A〈04〉 頻出 実技 〇 他にも新設住宅着工床面積、東証株価指数（TOPIX）などがある。

A〈05〉 〇 日銀短観は、年に4回、四半期ごとに日本銀行が企業を対象として行う調査である。

 〇 景気の現状把握にはCIの一致指数を利用する。一致指数が上昇しているときは景気の拡張局面、低下しているときは後退局面である。

Q 06 日本銀行が売りオペレーションを行うと、市場の資金量が増加することから、市場金利は低下する。
□□□

Q 07 日本銀行による公開市場操作の買いオペレーションは、金融引締め政策の一環として実施される。
□□□

Q 08 消費者物価指数は、日銀が調査・発表しており、原油価格や為替の動向なども影響が大きい。
□□□

Q 09 景気動向指数とは、生産、雇用などさまざまな指標を統合することによって、景気の現状把握および将来予測に資するために作成された総合的な景気指標で、毎月、内閣府から発表されている。
□□□

Q 10 マネーストックとは、金融機関が保有する通貨の総量を示す統計のことである。
□□□

2 貯蓄型金融商品の基礎知識 /3

Q 11 一般の銀行で扱うスーパー定期の利子は、預入期間にかかわらず、単利で計算される。
□□□

Q 12 銀行の貯蓄預金は、残高が一定額以上なら、普通預金よりも有利な金利が適用されるが、公共料金等の自動支払口座に指定できない。
□□□

過去問チェック! [2022-5(加工)]

Q 表面利率(クーポンレート)1%、残存期間2年の固定利付債券を額面100円当たり99円で購入した場合の最終利回り(年率・単利)は、1.52%である(税金等は考慮せず、小数点以下第3位を四捨五入)。

A〈06〉 ✕
頻出

日本銀行が売りオペレーションを行うと、市場の資金量が減少することから、市場金利は上昇する。

（ひっかけ）

A〈07〉 ✕
頻出

買いオペレーションによって、市場の資金量が増えることから、市場金利は低下する。よって、金融緩和政策の1つである。

（ひっかけ）

A〈08〉 ✕

消費者物価指数は、総務省が調査・発表している。問題文は企業物価指数の説明である。

（ひっかけ）

A〈09〉 ◯

景気を見通す重要な指標の1つとなっている。景気動向指数には、景気に対して先行して動く先行指数、一致して動く一致指数、遅れて動く遅行指数の3種類があり、景況を判断する場合には一致指数を用いる。

A〈10〉 ✕

個人や企業、地方公共団体などの通貨保有主体が保有する通貨量の残高（金融機関や中央政府が保有する預金などは対象外）で、日本銀行が毎月、調査・公表している。

A〈11〉 ✕
頻出

3年以上の場合、半年複利型と単利型が選択できる（ただし、半年複利型を利用できるのは個人のみ）。

A〈12〉 ◯
頻出

貯蓄預金は、満期はなく出し入れ自由な商品で、金利は変動金利である。

A ◯

設問のとおり。計算式はp.125を参照。なお、最終利回りとは、既発債を購入し、償還期限まで保有した場合の利回りである。

Q 13 金融機関が破綻した場合の預金者保護の方法の1
□□□ つであるペイオフ方式は、預金保険機構が直接、
預金者に保険金を支払う方式である。

3 投資型金融商品の基礎知識 　　／23

Q 14 個人向け国債の中途換金は、「変動10年」の場合
□□□ は発行から1年経過以後であれば、原則として可
能である。

- -

Q 15 個人向け国債は、金利の下限が年0.01%とされ、
□□□ 購入単価は最低10万円から10万円単位で購入で
きる。

- -

Q 16 既に市場で取引されている債券を購入し、償還期
□□□ 限まで保有した場合の利回りを所有期間利回りと
いう。

- -

Q 17 一般的に、金利が上昇すれば債券価格の低下要因、
□□□ 金利が低下すれば債券価格の上昇要因となる。

- -

Q 18 利付債の売却差益は、非課税である。
□□□

- -

Q 19 一般的に、格付けの高い債券は、表面利率や償還
□□□ 期限等の条件が同じであれば、信用格付の低い債
券と比較して、債券価格は高く利回りも高い。

過去問チェック！ [2021-1]

Q 債券の発行体である企業の信用度が低下し、格付が引き下
げられた場合、一般に、その債券の価格は下落し、利回り
も低下する。

A 13 ○ ペイオフ方式がとられた時点で、破綻金融機関の金融機能は<u>消滅</u>する。なお、預金保険制度には、「資金援助方式」と「ペイオフ方式」があり、「<u>資金援助方式</u>」が優先される。

A 14 ○
頻出
実技
ただし、「直前<u>2</u>回分の<u>利子</u>相当額（税引前）× 0.79685」が手数料として差し引かれる。「固定5年」「固定3年」も同様。

A 15 ✕ 個人向け国債は、金利水準が下がっても年<u>0.05</u>％が下限金利とされ、額面<u>1</u>万円から<u>1</u>万円単位で購入できる。

A 16 ✕
頻出
問題文は<u>最終利回り</u>についての説明である。所有期間利回りとは、<u>償還期限</u>前に売却した場合の利回りをいう。

A 17 ○
頻出
金利と債券価格は、常に<u>反比例</u>の関係にある。

A 18 ✕ 2016年以後に売却した場合は<u>申告分離課税</u>の対象となる。また、株式等との損益通算や譲渡損失の繰越控除が可能となった。

A 19 ✕ 信用格付の高い債券は、安全性の高さから人気があると考えられるので、信用格付の低い債券より債券価格は<u>高く</u>なり、利回りが<u>低く</u>なる。
ひっかけ

A ✕ 債券の発行体である企業の信用度が低下し、格付が引き下げられるなど信用リスクが高まると、一般にその債券の価格は下落し、利回りが高くなる。

Q 20 取引所における株式の売買注文の形態には、売買価格の限度を明示して注文する成行注文と、売買価格を明示しないで注文する指値注文がある。

Q 21 ある株式の1株あたり純利益が100円、1株あたり配当金が15円（年額）、株価が600円の場合、配当利回りは2.5%となる。

Q 22 株式の投資価値を判断する際に利用される尺度の1つであるPERとは、株価純資産倍率のことで、株価を1株あたり利益で除すことにより求められる。

Q 23 1株あたりの純資産が1,500円、1株あたりの利益が100円の企業の株価が1,500円だった場合、PBRは1.5倍である。

Q 24 国内上場株式等の配当等について、所定の要件を満たせば、当該配当所得の金額から国内上場株式等の譲渡損失の金額を控除することができる。

Q 25 外貨建てMMFの為替差益は、非課税である。

Q 26 オプション取引のうち、原資産を将来のある期日に特定の価格で買う権利のことを、プット・オプションという。

Q 27 ROE（自己資本利益率）の計算において、自己資本の額が変わらない場合、当期純利益が増えればROEの値も高くなる。

過去問チェック！ [2021-9]

Q 上場投資信託(ETF)は、証券取引所に上場され、上場株式と同様に指値注文や成行注文により売買することができる。

A **20** ✗ 売買価格を明示するのが<u>指値</u>注文、明示しないのが<u>成行</u>注文である。なお、注文の執行は、<u>成行</u>注文が優先される。

A **21** ⭕ 配当利回りは、次の式で求められる。
頻出 🖋️ 　配当利回り(%)＝<u>配当金</u>÷株価×100

A **22** ✗ PERとは、<u>株価純資産倍率</u>ではなく、<u>株価収益率</u>の
頻出 🖋️ ことである。文中の計算式の記述は正しい。〔ひっかけ〕

A **23** ✗ PBRは「株価÷1株あたり<u>純資産</u>」で計算するため、<u>1</u>倍となる。なお、PERは「株価÷1株あたり<u>純利益</u>」なので、<u>15</u>倍となる。

A **24** ⭕ 控除するためには、配当所得についても<u>申告分離課税</u>を選択する必要がある。

A **25** ✗ 2016年以降に売却した外貨建てMMFの為替差益は、上場株式等と同様に<u>課税扱い</u>となる。

A **26** ✗ 特定の価格で<u>買う</u>権利のことをコール・オプションという。<u>売る</u>権利のことをプット・オプションという。

A **27** ⭕ ROE(自己資本利益率)は、「当期純利益÷自己資本」
頻出 🖋️ で計算されるので、当期純利益が増える(＝分子の数値が大きくなる)とROEの値は<u>高く</u>なる。

A ⭕ 通常の株式と同様に、成行注文や指値注文、信用取引もできる。

Q28 配当性向の計算において、配当金が変わらない場合、当期純利益が増えれば配当性向の値も高くなる。

Q29 株式は、与えられる権利によって、普通株、優先株、単元株等に分けられる。

Q30 投資信託に係る運用管理費用（信託報酬）は、信託財産から差し引かれる費用であり、投資信託委託会社が間接的に負担する。

Q31 株式投資信託の収益分配金は、普通分配金と元本払戻金（特別分配金）に分けられ、普通分配金が配当所得として課税対象となる。

Q32 NISA（非課税累積投資契約に係る少額投資非課税制度）のつみたて投資枠において、上場株式は投資対象商品とされていない。

Q33 2024年以降のNISA口座の年間投資枠は、つみたて投資枠120万円、成長投資枠240万円である。

Q34 NISA口座に受け入れることができる上場株式等には、公募株式投資信託のほかに公募公社債投資信託が含まれる。

Q35 円貨を米ドルに換えて米ドル建て定期預金に預入れた。満期時の適用為替レートが預入れ時と比べて円安・ドル高になった場合、円ベースの利回りは低くなる。

📄 **過去問チェック！** [2019-5]

Q 投資信託約款に株式を組み入れることができる旨の記載がある証券投資信託は、株式をいっさい組み入れていなくても株式投資信託に分類される。

A 28 ✕ 配当性向は、「配当金支払額÷当期純利益」で計算されるので、当期純利益が増える（＝分母の数値が大きくなる）と、配当性向の値は低くなる。（ひっかけ）

A 29 ✕ 単元株は、売買する際の最低取引単位を示すものである。与えられる権利による分類は、普通株、優先株、劣後株の３つである。

A 30 ✕ 運用管理費用（信託報酬）は、受益者（投資家）が間接的に負担する費用である。

A 31 ◯ 収益分配金支払後の基準価額が個別元本を下回る元本払戻金（特別分配金）は、個別元本の払い戻しという位置づけなので非課税となる。

A 32 ◯ つみたて投資枠の対象商品は、一定の要件を満たす長期の積立・分散投資に適した投資信託やETF（上場投資信託）に限定されている。

A 33 ◯ 2024年以降のNISA口座の年間投資枠は、つみたて投資枠120万円、成長投資枠240万円で、併用することができる。

A 34 ✕ NISA口座の対象商品は、上場株式、ETF、J-REIT等。上場株式等には、公募株式投資信託は含まれるが、公募公社債投資信託は含まれない。

A 35 ✕ 円ベースの利回りは高くなる。預入れ時よりも為替レートが円安になっていれば、円貨の受け取りが増えるので、円ベースの利回りは高くなる。

A ◯ 投資信託の約款上、運用対象に株式を組み入れることができる投資信託を株式投資信託という。

重要

Q 36 国内の銀行に預入れた米ドル建預金の元利金
10,100ドル（税引後）を円貨に換えて受け取る場合、為替レートの仲値が110円（為替手数料は1円）の時、円貨での受取額は111万1,000円となる。

4 ポートフォリオ理論 　　／1

Q 37 ポートフォリオを組成するにあたり、相関係数が「－1」に近い資産を組み合わせて運用すれば、リスクの低減効果は大きくなる。

5 金融商品に関する法律 　　／3

Q 38 日本投資者保護基金の会員たる金融商品取引業者が経営破綻した際、会員が一般顧客から預託を受けていた有価証券・金銭の返還が困難となった場合、一般顧客1人につき3,000万円を上限に、金銭による補償を行う。

. . . .

Q 39 「金融サービスの提供に関する法律」では、金融商品の販売等に際し、顧客に対して断定的判断の提供等を行ったことにより、当該顧客に損害が生じた場合の金融商品販売業者等の損害賠償責任について定められている。

. . . .

Q 40 「金融サービスの提供に関する法律」では、金融商品の販売等に際し、顧客に対して重要事項の説明をしなかった契約については取り消すことができる。

📄 **過去問チェック！** [2020-9]

Q 金融商品取引法に定める適合性の原則により、金融商品取引業者等は、金融商品取引行為について、顧客の知識、経験、財産の状況および金融商品取引契約を締結する目的に照らして、不適当な勧誘を行ってはならないとされている。

A 36
頻出

✕ 外貨を円貨に交換する際の為替レートはTTBを使う。TTB=仲値-為替手数料なので、この場合はTTB=109円である。よって円貨での受取額は、10,100ドル×109円=110万900円となる。

A 37
頻出
実技

◯ 2つ以上の資産の動きに関連があるかどうかをみるための相関係数は1から-1の値となるが、1に近いほど値動きが同じであることを示し、-1に近いほど逆の値動きをすることを表す。

A 38

✕ 顧客1人につき1,000万円を上限に、金銭による補償を行う。

A 39

◯ なお、金融サービス提供法は、金融商品にかかる契約に適用され、個人およびプロを除く事業者が保護の対象である。

A 40

✕ 誤認・困惑による契約の際に、契約の取消しが認められているのは消費者契約法である。なお、金融サービス提供法と消費者契約法は同時に適用を受けることができる。
（ひっかけ）

A

◯ 投資者保護の観点から、顧客の「知識」「経験」「財産の状況」「金融取引契約を締結する目的」に照らして不適切な勧誘を行ってはならない。

第4章

タックスプランニング

要/点/整/理/

1. 我が国の税制
2. 所得税の仕組み
3. 10種類の所得
4. 損益通算
5. 所得控除
6. 税額控除
7. 確定申告
8. 復興特別所得税
9. 個人住民税
10. 個人事業税

一問一答Q&A(基本)
一問一答Q&A(重要)

　タックスプランニングでは、「各種所得の内容」「損益通算」「所得控除」「税額控除」からの出題が中心になります。まずは、所得税の基本的な仕組みを理解したうえで、10種類の所得の区分や各所得の計算方法について押さえておきましょう。「損益通算」については、損益通算ができるもの、できないものを整理しておいてください。

　実技試験については、設例から総所得金額を求める問題なども出題されます。「所得控除」「損益通算」について理解できていることが正解を導く条件となります。

●これまでの出題傾向

	2024年1月 学科	2024年1月 実技 金	2024年1月 実技 協会	2023年9月 学科	2023年9月 実技 金	2023年9月 実技 協会	2023年5月 学科	2023年5月 実技 金	2023年5月 実技 協会	2023年1月 学科	2023年1月 実技 金	2023年1月 実技 協会	2022年9月 学科	2022年9月 実技 金	2022年9月 実技 協会
1 わが国の税制															
2 所得税の仕組み	❶	❶		❶	❶	❶		❶		❶		❶		❶	
3 各種所得の内容	❹	❶		❸			❸		❶	❷	❶	❶	❺		❶
4 損益通算							❷		❶		❶				
5 所得控除	❸	❶	❶	❸	❶	❶	❸	❶	❶	❸			❷	❶	
6 税額控除	❶			❶			❶			❷	❶		❶		
7 所得税の申告と納付	❶		❶	❷	❶		❶	❶		❶	❶		❶	❶	
8 個人住民税															
9 個人事業税															
10 タックスプランニングの 最新の動向															

（金：金財（個人資産相談業務）／協会：FP協会の出題数を表す）

要点整理

学習日

第4章 タックスプランニング

---

1 我が国の税制　重要度B

1 税金の分類方法

①どこに納めるか

国へ納める税金	国税
地方公共団体へ納める税金	地方税

②誰が納めるか

税金を負担する人が納める	直接税
税金を負担する人と異なる人が納める	間接税

③税額の決まり方

納税する者が自分で所得や納める税額を計算して申告	申告納税方式
国や地方公共団体が納める税額を決定して納税者に通知	賦課課税方式

2 主な税金の種類

国税	直接税	所得税、法人税、相続税、贈与税
	間接税	消費税、たばこ税、印紙税、酒税
地方税	直接税	道府県民税、市町村民税 固定資産税、不動産取得税、事業税
	間接税	地方消費税、道府県たばこ税 市町村たばこ税

2 所得税の仕組み

所得税は、個人が得た所得に対して課税されます。

1 所得税の原則

個人単位課税	夫婦や世帯単位の課税ではなく、一人ひとりの所得に対して課税
暦年単位課税	1月1日から12月31日までの1暦年に得た所得に対して課税
応能負担	負担できる能力に応じて課税
納税義務者	実質的にその所得を得た個人に課税 非永住者[※1]以外の居住者[※2]はすべての所得に対して課税

※1 居住者のうち日本国籍がなく、かつ過去10年以内に国内に住所または居所を有していた期間が5年以下である者
※2 国内に住所があるか、現在まで引き続いて1年以上居所がある者

2 非課税となる所得

- ・通勤手当(月額15万円まで)
- ・出張および転勤の旅費で通常必要なもの
- ・障害者などが預け入れた預貯金等で一定の金額までの利息
- ・公的年金のうち障害給付、**遺族給付**
- ・雇用保険の**失業給付**
- ・生活保護の給付　　・宝くじの当せん金
- ・慰謝料　　・損害賠償金
- ・生活用動産を譲渡して得た所得

これらの所得は、担税力(たんぜいりょく)(負担能力)や社会政策を考慮し、非課税とされています。

③税 率

所得の高い部分には高い税率、低い部分には低い税率を適用する方法を**超過累進税率**といいます。

④所得税の計算の流れ

Step① 10種類の所得の計算

　1年間で得られた収入を10種類に分類し、**必要経費**を差し引いて所得を計算

Step② 損益通算

　一定の所得の**赤字**をその他の所得の**黒字**と差し引き

Step③ 前年からの赤字を繰越控除

　一定の場合、損益通算しても引ききれない損失は、翌年以降**3年間**にわたって繰り越すことができる

Step④ 所得を合算

　総合課税と分離課税の所得に分ける

Step⑤ 所得控除を差し引く

　担税力(税金を納める能力)やその年の支出の状況などによって税額を調整する**所得控除**を差し引く

Step⑥ 税率を適用

　総合課税される総所得金額には**超過累進税率**を適用。分離課税される所得にはそれぞれの税率を適用

Step⑦ 税額控除を差し引く

　算出された税額から**税額控除**を差し引く

3 10種類の所得

①利子所得

　預貯金の利子、公社債の利子、公社債投資信託の収益分配などは、利子所得となります。

①計算方法

> 利子所得の金額＝収入金額

②課税方法

利子などの支払いを受ける際に**20.315%**（所得税15.315%・住民税5%）が源泉徴収されます。一定の公社債、公社債投資信託などから支払われる利子等については、源泉徴収の後、**申告分離課税**または**申告不要**を選択できます。

2 配当所得

株式の配当金、公社債投資信託以外の証券投資信託の収益分配などは、配当所得となります。

①計算方法

> 配当所得の金額
> ＝収入金額－株式等取得のための負債利子

②課税方法 頻出

上場株式等から配当が支払われる際には、**20.315%**（所得税15.315%・住民税5%）が源泉徴収されます。

その後、以下より選択します。

選択肢	内 容	備 考
総合課税	確定申告でその他の所得と合算して課税	配当控除適用可
申告不要	源泉徴収で課税完了	―
申告分離課税	確定申告の際分離して課税 税率20.315%（所得税15.315%・住民税5%）	損益通算可※

※ 上場株式等の譲渡損失と損益通算が可能

* 非課税口座内の少額上場株式等に係る配当所得および譲渡所得等の非課税措置についてはP.128・P.129参照

③事業所得

継続的に対価を得て行う製造業、卸売業、小売業、サービス業などの事業から得た所得は事業所得となります。

①計算方法

> 事業所得の金額＝総収入金額－必要経費

〈必要経費〉

必要経費になる	必要経費にならない
売上原価、製造原価、給与・賃金、地代・家賃、減価償却費、業務や事業用資産に対して払う税金	生計を一にする親族に支払う給与・家賃・借入金の利子等

重要用語　減価償却

年々価値が減少していく資産について、購入した際に全額必要経費とするのではなく、価値の減少分を使用できる期間に応じて必要経費としていくことです。

〈減価償却費の計算方法〉

定額法	選　択	定率法
毎年均等額を償却費とする	・届け出がない場合は定額法 ・1998年4月1日以降取得の建物、2016年4月1日以降に取得した建物附属設備および構築物は定額法	毎年一定の割合で減額する

〈少額な資産の場合の減価償却〉

少額減価償却資産	取得価額10万円未満または使用可能期間1年未満の資産は、取得した年に一括で必要経費に算入可能
一括償却資産	取得価額10万円以上20万円未満の資産は、一定の要件の下3年間にわたり3分の1ずつ必要経費に算入可能

②課税方法

他の所得と合算して総合課税となります。

④不動産所得

不動産、不動産の上に存する権利、船舶または航空機の貸付けによって得られる所得は、不動産所得です。

①計算方法

不動産所得の金額＝総収入金額－必要経費

〈必要経費の例〉

必要経費になる	必要経費にならない
・賃貸している土地建物の固定資産税・修繕費・火災保険料・不動産取得税 ・土地建物を取得するための借入金の利子、減価償却費 ・地代、家賃、立退料	所得税・住民税、業務に関係のない固定資産税・自動車税（種別割）・不動産取得税

②課税方法

他の所得と合算して総合課税となります。

⑤給与所得

給与、賃金、賞与などは、給与所得となります。

①計算方法

給与所得の金額＝給与等の収入金額－給与所得控除額

〈給与所得控除額の速算表〉

総収入		給与所得控除
	180万円以下	収入金額×40％－10万円 （55万円に満たない場合55万円）
180万円超	360万円以下	収入金額×30％＋　8万円
360万円超	660万円以下	収入金額×20％＋44万円
660万円超	850万円以下	収入金額×10％＋110万円
850万円超		195万円（上限）

＊ 一定の条件を満たす者については、所得金額調整控除が行われる

②課税方法

他の所得と合算して総合課税となります。

> 通常、給与所得のみの場合は、一定のケースを除き確定申告は必要ありません（P.173参照）。

⑥譲渡所得

資産を譲渡した場合の所得は、譲渡所得となります。

①計算方法

譲渡所得は次の３つに区分され、所得金額の計算方法や課税方法が異なります。

〈土地・建物・株式等以外の譲渡〉
　　総収入金額－（取得費＋譲渡費用）
　　　　　　　　　　　　　　－特別控除額（最高50万円）
〈株式等の譲渡〉
　　総収入金額－（取得費＋譲渡費用＋負債利子）
〈土地・建物等の譲渡〉
　　総収入金額－（取得費＋譲渡費用）－特別控除額

土地・建物・株式等以外の譲渡と土地・建物等の譲渡は、所有期間が5年超か5年以下かによって長期譲渡と短期譲渡に分けられます。

〈所有期間の判定〉

土地・建物・株式以外の譲渡	取得日から譲渡日まで
土地・建物等の譲渡	取得日から譲渡日が属する年の1月1日まで

②課税方法

土地・建物・株式等以外の譲渡	長期譲渡は所得金額の2分の1を、短期譲渡は所得金額をそのまま他の所得と合算して総合課税
株式等の譲渡	申告分離課税 税率：所得税15.315%・住民税5%
土地・建物等の譲渡	申告分離課税 税率：短期譲渡　所得税30.63%・住民税9% 　　　　長期譲渡　所得税15.315%・住民税5%

* 非課税口座内の少額上場株式等に係る配当所得および譲渡所得等の非課税措置についてはP.128・P.129ページ参照

7 一時所得

営利を目的としない一時的な所得で、その他の所得に該当しない所得は一時所得となります。

①計算方法 頻出

> 一時所得の金額
>
> ＝総収入金額－収入を得るために支出した金額－特別控除額（最高50万円）

②課税方法

一時所得の金額の**2分の1**の金額を他の所得と合算して、総合課税となります。

8 雑所得

他の9種類の所得に該当しない所得は、雑所得となります。

①計算方法

> A　公的年金等の所得
> 　　　＝公的年金等の収入金額－**公的年金等控除額**
> B　公的年金等以外の所得
> 　　　＝公的年金等以外の収入金額－**必要経費**
> A＋B＝雑所得

②課税方法

他の所得と合算して総合課税となります。

9 退職所得

退職時に一時に受け取る退職手当、一時恩給などは、退職所得となります。

①計算方法

$$退職所得金額＝（収入金額－退職所得控除額）×\frac{1}{2}^{※}$$

※ 勤続年数5年以下の法人役員等の退職金については、2分の1としない
※ 勤続年数が5年以下である短期退職手当等の収入金額から退職所得控除額を控除した残額のうち300万円を超える部分については2分の1としない

〈退職所得控除額の計算〉

勤続20年以下	40万円×勤続年数(最低80万円)
勤続20年超	800万円＋70万円×(勤続年数－20年)

②課税方法

他の所得と切り離して分離課税とされ、総合課税と同じ超過累進税率が適用されます。

10 山林所得

山林を伐採または譲渡した場合の所得は、山林所得となります。

①計算方法

$$山林所得の金額＝総収入金額－必要経費－\begin{matrix}特別控除額\\(最高50万円)\end{matrix}$$

②課税方法

他の所得とは切り離して分離課税とされ、5分5乗方式※で計算されます。

※ 山林所得の金額を5分の1にした金額を税率表にあてはめて税額を計算したのちに、その税額を5倍とする計算法

4　損益通算

重要度 **A**

一定の所得から生じた赤字は、その他の所得の黒字と損益通算することができます。

1 損益通算できる損失 頻出-

不動産所得、事業所得、山林所得、譲渡所得より生じた損失です。

2 損益通算できない損失

- ・上記の4つの所得以外から生じた損失
- ・土地建物等の譲渡損失（一定の居住用財産を除く）
- ・生活に通常必要でない資産の譲渡損失
- ・株式等の譲渡損失（申告分離課税を選択した配当所得など とは通算可）
- ・非課税とされる生活用動産を譲渡した場合の損失
- ・不動産所得の損失のうち、土地等の取得に要した負債 利子

3 損益通算の手順

まず、経常所得グループ、譲渡・一時所得グループでそれぞれ通算します（第1次通算）。次に、経常所得グループと譲渡・一時所得グループの間で通算します（第2次通算）。最後に、第2次通算で引ききれなかった赤字と退職所得・山林所得を通算します（第3次通算）。

4 損失の繰越控除

損益通算しても引ききれない損失を翌年以降に繰り越して控除することができます。

純損失の 繰越控除	損益通算しても引ききれない損失を純損失という。青色申告者は翌年以降3年間繰り越すことができる
雑損失の 繰越控除	所得金額から雑損控除を引いても引ききれない損失を雑損失といい、翌年以後3年間繰り越すことができる

169

家族の状況やその年の支出の状況などによって、以下のような所得控除を差し引くことができます。

〈物的控除の種類〉**頻出**

種　類	こんな場合に	控除額
雑損控除	本人または生計を一にする一定の親族が保有する資産が災害、盗難、横領で損害を受けた場合	次の①、②のうち多い金額まで ①差引損失額−総所得金額等の合計額×10% ②差引損失額のうち災害関連支出の金額−5万円
医療費控除	**本人または生計を一にする親族**のために1年間に一定の医療費を支払った場合	**（医療費−給付金等で補てんされた金額）−10万円**※ ※ 総所得金額が200万円未満の場合には、総所得金額×5%
特定一般用医薬品等購入費を支払った場合の医療費控除の特例 〔セルフメディケーション税制〕	特定一般用医薬品等購入費を支払った場合において、その年中に一定の健康診査や予防接種などを行っているとき。従来の医療費控除との併用はできない	支払った医薬品等購入費の合計額（保険金等により補てんされる金額を除く）のうち、年間12,000円を超える部分の金額（88,000円を限度）
社会保険料控除	本人または生計を一にする親族の社会保険料を支払った場合	〔支払った保険料全額〕
小規模企業共済等掛金控除	小規模企業共済の掛金、個人型および企業型の確定拠出年金の加入者掛金を支払った場合	〔支払った掛金全額〕
生命保険料控除	生命保険契約等の保険料を支払った場合、支払った保険料の額に応じて控除できる	2012年以降の契約※ 　一般の生命保険、個人年金、介護医療保険に区分し、それぞれ最高4万円

※ 2011年以前の契約は、一般の生命保険、個人年金に区分し、それぞれ最高5万円
＊ 地震保険料控除についてはP.88参照

寄附金	2,000円を超える特	(〔特定寄附金の合計額〕か〔総
控除	定寄附金を払った場合	所得金額等×40%〕のいずれ
		か低い金額)－2,000円

〈人的控除の種類〉

種　類	こんな場合に	控除額	
基礎控除	合計所得金額2,500万円以下の場合	合計所得金額 2,400万円以下	48万円
		2,400万円超 2,450万円以下	32万円
		2,450万円超 2,500万円以下	16万円
		2,500万円超	0円
扶養控除	生計を一にする合計所得金額が48万円以下の親族がいる場合	一般の扶養親族 16歳以上19歳未満 23歳以上70歳未満	38万円
		特定扶養親族 19歳以上23歳未満	63万円
		70歳以上 同居老親等	58万円
		同居老親等以外	48万円
配偶者控除	合計所得金額が1,000万円以下の納税者に、生計を一にする合計所得金額が48万円以下の配偶者がいる場合	本人の合計所得金額が900万円以下は38万円(48万円)、900万円超は26万円(32万円)、950万円超1,000万円以下は13万円(16万円) ＊( )内は老人控除対象配偶者の場合	
配偶者特別控除	合計所得金額が1,000万円以下の納税者に、生計を一にする合計所得金額が48万円超133万円以下の配偶者がいる場合	本人の合計所得金額と配偶者の所得金額により、1万円～38万円	
障害者控除	本人や控除対象配偶者および扶養親族が障害者の場合	障害者1人につき27万円 (特別障害者の場合40万円) (同居特別障害者の場合75万円)	
ひとり親または寡婦控除	ひとり親または寡婦に該当する場合	ひとり親控除35万円 寡婦控除27万円	
勤労学生控除	本人が一定の要件を満たす学生である場合	27万円	

6 税額控除

算出された税額から一定の金額を差し引くことができます。

1 住宅借入金等特別控除 頻出 改正

住宅を新築、取得、増改築した場合に、受けることができます。

住宅の要件	・床面積50㎡以上(一定※1の場合は40㎡以上) ・床面積の2分の1以上が自己の居住用であること ・中古住宅の場合は新耐震基準に適合している住宅であること ・自己の所有家屋の増改築で、工事費用100万円超、総額の2分の1以上が居住用の増改築等の費用であること
住宅ローンの要件	金融機関からの借入れで償還期間10年以上※2
その他の主な要件	・取得日から6カ月以内に入居し、控除を受ける年の12月31日まで引き続き居住していること ・居住した年をはさむ前後5年間と新築住宅に居住した年から3年目に従前の住宅を譲渡した場合に、居住用財産の譲渡の特例、居住用財産の買替え・交換の特例等の特例を適用されていないこと ・その年の合計所得金額が2,000万円以下の場合
控除額	・年末のローン残高の0.7%

※1 2024年までに建築確認を受けた新築住宅で、その年の合計所得金額が1,000万円以下の場合

※2 親族からの借入れ、勤務先からの基準金利未満の借入金は対象外

入居時期と住宅の質による控除対象借入限度額と控除期間は以下のとおりです。

〈認定住宅〉

	居住年	借入限度額	控除期間
認定住宅	2024年 2025年	4,500万円(2024年は子育て特例対象個人の場合5,000万円)	13年
ZEH※水準省エネ住宅	2024年 2025年	3,500万円(2024年は子育て特例対象個人の場合4,500万円)	
省エネ基準適合住宅	2024年 2025年	3,000万円(2024年は子育て特例対象個人の場合4,000万円)	

※ ZEH(ゼッチ)は、「Net Zero Energy House」の略

* 中古住宅の場合は、年末ローン残高の限度額は3,000万円、控除期間は10年となる

* 子育て特例対象個人とは、夫婦いずれかが40歳未満の者または19歳未満の扶養親族を有する者のことをいう

〈一般住宅〉

2023年までに建築確認を受けた新築住宅と、中古住宅に限る

居住年	年末ローン残高の限度額	控除期間
2024年・2025年	2,000万円	10年

2 配当控除

配当所得があり、**総合課税**を選択した場合には、一定の金額を差し引くことができます。

〈配当控除額〉

課税総所得金額	配当控除額
1,000万円以下	配当所得金額×10%
1,000万円超	配当控除の額=①×10%+②×5% ①配当所得の金額-(課税所得金額-1,000万円) 　(　)内がマイナスの場合は0 ②配当所得の金額-①

7 確定申告

1月1日から12月31日までの1年間の所得を計算し、納めるべき所得税額がある場合は、原則として翌年2月16日から3月15日の間に確定申告が必要です。

1 給与所得者の確定申告

会社員の給与・賞与からは一定の税額が源泉徴収され、年末調整によって所得税額の精算が行われるため、通常は確定申告は必要ありません。ただし、以下の場合は確定申告が必要です。

〈会社員で確定申告が必要な場合〉

・2つ以上の会社から給与を受けている
・給与収入の金額2,000万円超
・給与所得、退職所得以外の所得の合計金額が20万円を超える
・**医療費控除、雑損控除、寄附金控除**の適用を受ける
・住宅借入金等特別控除を受ける場合の1年目

②青色申告 頻出 実技

不動産所得、事業所得、山林所得のいずれかがある場合、所轄税務署長に申請書を提出し承認を受ければ、青色申告で各種の特典を受けることができます。青色申告をするためには日々の取引を記帳し、その帳簿を保存する必要があります。

①申請の期限
・青色申告をしようとする年の**3月15日**まで
・業務開始が青色申告を受けようとする年の**1月16日**以降の場合は業務開始から**2カ月**以内

②青色申告の特典

青色申告特別控除	事業所得者または事業的規模の不動産所得者が**正規の簿記**により記帳し、**貸借対照表**、**損益計算書**を添付して申告した場合は**55万円**※。それ以外の場合は**10万円**
青色事業専従者給与	所轄税務署長に届け出て承認された場合、生計を一にする親族へ支払う給与を必要経費とすることができる
純損失の繰越控除	損益通算しても引ききれない純損失を翌年以後**3年間**繰り越すことができる

※ e-taxを利用する等一定の条件を満たす場合、65万円となる

8 復興特別所得税 重要度 B

2013年から2037年までにおいて、所得税を納める個人は所得税額に税率(2.1%)を乗じた額を復興特別所得税として納めることとなりました。これに伴い源泉徴収される配当・利子などに係る税率は以下のとおりです。

所得の種類	内　容	所得税(復興特別所得税含む)	住民税	合　計
利子所得	国内預金の利子	15.315%	5%	20.315%
配当所得	上場株式の配当	15.315%	5%	20.315%
株式等の譲渡所得	特定口座（源泉徴収あり）	15.315%	5%	20.315%

9 個人住民税　重要度 **C**

〈個人住民税の概要〉

課税対象者	その年の1月1日現在に日本国内に住所がある者
課税方式	賦課課税方式
納付	給与所得者以外（普通徴収） ⇒納税通知書に従って6月、8月、10月、翌年1月に分割して納付（一括納付も可） 給与所得者（特別徴収） ⇒6月から翌年5月までの給与から源泉徴収される

〈税率〉

均等割	道府県民税	年額1,000円
	市町村民税	年額3,000円
所得割	一律　10%	

〈個人住民税の主な所得控除の額（所得税と異なるもの）〉

基礎控除 ⟶ 43万円※1
扶養控除（16歳以上）⟶ 33万円
　　　　（19歳以上23歳未満）⟶ 45万円
配偶者控除 ⟶ 11万円・22万円・33万円※2
配偶者特別控除 ⟶ 最高33万円※3

※1 前年の合計所得金額が2,400万円を超える場合はその合計所得金額に応じて控除額が逓減し、2,500万円を超える場合は基礎控除額の適用はなしとなる
※2 納税者本人の合計所得金額により異なる
※3 納税者本人の合計所得金額と配偶者の合計所得金額によって異なる

このほか、2024年度より森林環境税および森林環境譲与税として、1人年額1,000円が徴収されます。 改正

10 個人事業税　重要度 **C**

　個人が一定の事業を行う場合に、個人事業税が課税されます。
　1年間の所得より事業主控除額として290万円を差し引き、事業区分に応じた税率（3～5%）を乗じて算出します。

175

1 我が国の税制

/3

Q01 所得税は直接税であるが、相続税は間接税である。

Q02 酒税、印紙税は、間接税である。

Q03 固定資産税と不動産取得税は、国税である。

2 所得税の仕組み

/5

Q04 所得税は、世帯ごとの所得に対して課税される世帯単位課税である。

Q05 所得税は、毎年1月1日から12月31日までの1年間に生じた個人の所得に対して課税される税金である。

Q06 所得税では、課税所得金額が多くなるにしたがって税率が高くなる比例税率が採用されている。

Q07 交通事故などの被害者となり慰謝料をもらった場合は、一時所得として課税される。

Q08 公的年金から受け取る年金は、すべて非課税である。

 過去問チェック! [2021-9]

Q 電車・バス等の交通機関を利用して通勤している給与所得者が、勤務先から受ける通勤手当は、所得税法上、月額10万円を限度に非課税とされる。

勉強のコツ❶

まずは、所得税の仕組みを理解することが第一です。10種類の所得の計算方法や損益通算などがよく出題されます。

A〈01〉 ✕ 所得税も相続税も<u>直接税</u>である。

頻出

. . . .

A〈02〉 ◯ そのほか、<u>消費税</u>、<u>たばこ税</u>なども間接税である。

頻出

. . . .

A〈03〉 ✕ 固定資産税と不動産取得税は、<u>地方税</u>である。

A〈04〉 ✕ 夫婦や世帯単位に課税されるのではなく、<u>一人ひとりの所得に対して課税される個人単位課税</u>である。

. . . .

A〈05〉 ◯ 所得税は、1月1日から12月31日までの1暦年に得た所得に対して課税される<u>暦年単位課税</u>である。

頻出

. . . .

A〈06〉 ✕ 所得税では、課税所得金額が多くなるにしたがって税率が高くなる<u>超過累進税率</u>が適用されている。

. . . .

A〈07〉 ✕ 慰謝料は、<u>非課税</u>となる。

. . . .

A〈08〉 ✕ 公的年金のうち、<u>老齢年金</u>は雑所得として課税されるが、<u>遺族年金</u>と<u>障害年金</u>は非課税となる。

（ひっかけ）

A ✕ 勤務先から受け取る通勤手当は所得税法上、月額15万円までが非課税となる。

177

3 10種類の所得

Q〈09〉
投資信託の収益分配金は、すべて利子所得となる。

Q〈10〉
配当所得は、「収入金額－株式等取得のための負債利子」で計算される。

Q〈11〉
国内預貯金の利子の支払いを受ける際には、その利子所得から所得税と住民税が源泉徴収される。

Q〈12〉
所得税の計算において、減価償却費の計算をする際、事前の届け出がない場合は、定率法で計算することになる。

Q〈13〉
不動産所得の計算上、納税者が支払った所得税や住民税も必要経費となる。

Q〈14〉
不動産の貸付を事業的規模で行っている場合、その所得は所得税の計算上、事業所得となる。

Q〈15〉
土地・建物等の譲渡にかかる譲渡所得は、申告分離課税の対象となる。

Q〈16〉
所得税において、退職所得の金額は、「収入金額－退職所得控除額」で計算される（勤続年数5年以下の特定役員退職手当等の退職金を除く）。

過去問チェック！ [2020-9]

Q 個人が受け取った非上場株式の配当については、その金額の多寡にかかわらず、所得税の確定申告不要制度を選択することはできない。

A〈09〉 ✕ 公社債投資信託の収益分配金は利子所得となるが、株式投資信託の収益分配金は<u>配当所得</u>となる。
（ひっかけ）

A〈10〉 ◯ 配当所得の計算では、基本的には必要経費は認められないが、株式等を取得する際に<u>借入れ</u>をした場合の<u>負債利子</u>は、差し引くことができる。

A〈11〉 ◯ この場合、源泉徴収によって課税が終了するため、確定申告の<u>必要はない</u>。

A〈12〉 ✕ 所得税の計算において事前の届け出がない場合は、<u>定額法</u>で計算する。
頻出
（ひっかけ）

A〈13〉 ✕ 所得税や住民税は必要経費と<u>ならない</u>。

A〈14〉 ✕ 事業的規模であっても不動産の貸付から生じる所得は<u>不動産所得</u>となる。

A〈15〉 ◯ 株式等の譲渡にかかる譲渡所得も<u>申告分離課税</u>の対象。土地・建物等の譲渡、株式等の譲渡以外の一般の資産の譲渡所得については、<u>総合課税</u>の対象となる。

A〈16〉 ✕ 退職所得の金額は、「（収入金額−退職所得控除額）<u>×2分の1</u>」で計算される。ただし、特定役員退職手当等については、2分の1とは<u>されない</u>。また、勤続年数5年以下の短期退職手当等は、その収入金額から退職所得控除額を差し引いた残額のうち300万円を超える部分は2分の1とは<u>されない</u>。
頻出
（ひっかけ）

A ✕ 非上場株式の配当については、原則として確定申告が必要であるが、一定金額以下（10万円×配当計算期間の月数（最高12カ月）÷12））であれば確定申告不要制度が選択できる。

Q〈17〉 勤続年数20年以下で退職した場合の退職所得控除額は、「40万円×勤続年数(最低80万円)」で求められる(障害者になって退職した場合を除く)。

Q〈18〉 退職所得は他の所得と切り離して分離課税とされるが、その際の税率は一律10%である。

Q〈19〉 所得税の計算上、雑所得は他の所得と合算して総合課税とされるが、一時所得と退職所得は分離課税とされる。

Q〈20〉 給与所得の金額は、原則として「給与等の収入金額－給与所得控除額」で計算する。

Q〈21〉 10年満期の一時払い養老保険は金融類似商品となり、満期保険金を受け取った場合、「満期保険金－正味払込保険料」で計算した額が源泉分離課税の対象となる。

Q〈22〉 クイズの賞金や賞品などは一時所得となる。

Q〈23〉 厚生年金や国民年金からの老齢年金のほかに、確定給付企業年金からの年金として受け取る老齢給付も公的年金等の雑所得となる。

Q〈24〉 所得税の計算において、公的年金等の雑所得の金額は、「公的年金等の収入金額－公的年金等控除額」で計算する。

過去問チェック! [2020-1]

Q 所得税において、一時所得の金額は、その年中の一時所得に係る総収入金額からその収入を得るために直接支出した金額の合計額を控除し、その残額から特別控除額(最高50万円)を控除した金額であり、その金額が総所得金額に算入される。

A〈17〉 ○ 勤続20年超の場合は「800万円＋70万円×(勤続年数－20年)」となる。

頻出 🖊

実技

. . . .

A〈18〉 ✕ 総合課税と同じ超過累進税率が適用される。

実技

. . . .

〜〜〜 ひっかけ 〜〜〜

A〈19〉 ✕ 雑所得と一時所得は総合課税となり、退職所得は他の所得と切り離して分離課税とされる。

頻出 🖊

. . . .

A〈20〉 ○ 給与所得の計算では、事業所得のように実際に使った必要経費を差し引くのではなく、所得税法で定めた給与所得控除額を差し引いて計算する。

. . . .

A〈21〉 ✕ 金融類似商品として源泉分離課税の対象となるのは、満期の期間が5年以下の一時払い養老保険の差益などである。

. . . .

A〈22〉 ○ 競馬の馬券の払戻金、法人からの贈与なども一時所得となる。

. . . .

A〈23〉 ○ そのほか、確定拠出年金から年金として受け取る老齢給付も、公的年金等の雑所得となる。

頻出 🖊

. . . .

A〈24〉 ○ 公的年金等に該当しない雑所得は、「公的年金等以外の収入金額－必要経費」で計算し、公的年金等の雑所得と合算して雑所得を計算する。

A ✕ 一時所得は収入金額からその収入を得るために支出した金額を控除し、特別控除額を控除した金額であるが、総所得金額に算入する金額は2分の1とした金額である。

第4章 タックスプランニング 一問一答(基本)

181

Q⟨25⟩ 山林を伐採または譲渡した場合の所得は山林所得
☐☐☐ となり、「総収入金額－必要経費」で計算される。

4 損益通算 　　　　　／3

Q⟨26⟩ 所得税の計算において、雑所得の計算上で生じた
☐☐☐ 損失は、他の所得と損益通算できる。

Q⟨27⟩ 譲渡所得の計算上生じた損失は、すべて他の所得
☐☐☐ と損益通算することができる。

Q⟨28⟩ 上場株式を譲渡して譲渡所得の計算上損失が生じ
☐☐☐ た場合、給与所得と損益通算することができる。

5 所得控除 　　　　　／9

Q⟨29⟩ 所得税の地震保険料控除は、最高15,000円を所
☐☐☐ 得金額から控除することができる。

Q⟨30⟩ 所得税の計算において、配偶者の合計所得金額が
☐☐☐ 48万円以下である場合は、配偶者控除と配偶者
特別控除の適用が受けられる。

Q⟨31⟩ 社会保険料控除の上限額は5万円である。
☐☐☐

Q⟨32⟩ 所得税の計算において、合計所得金額500万円
☐☐☐ の場合、所得税の基礎控除の金額は、納税者本人
1人につき、33万円である。

過去問チェック！ [2021-1]

Q 所得税において、NISA口座(少額投資非課税制度における非
課税口座)内で生じた上場株式の譲渡損失の金額は、特定口座
内の上場株式の譲渡益の金額と損益を通算することができる。

| A〈25〉 | ✕ | 山林所得の計算は、「総収入金額－必要経費－特別控除額（最高50万円）」となる。 |

| A〈26〉 頻出 | ✕ | 損益通算できる損失は、<u>不動産所得</u>、<u>事業所得</u>、<u>山林所得</u>、<u>譲渡所得</u>からの損失に限られる。 |

| A〈27〉 | ✕ | 譲渡所得のうち、原則、<u>土地建物等</u>の譲渡損失、<u>株式等</u>の譲渡損失などは他の所得と損益通算できない。 |

| A〈28〉 | ✕ | 上場株式等の譲渡損失は、他の所得と損益通算することは<u>できない</u>。ただし、<u>申告分離課税</u>を選択した配当所得や公社債等から支払われる利子等とは損益通算が可能である。 |

| A〈29〉 | ✕ | 所得税の地震保険料控除は、支払った保険料の全額で最高<u>50,000</u>円までである。 |

ひっかけ

| A〈30〉 実技 | ✕ | 配偶者の合計所得金額が48万円以下の場合に適用されるのは<u>配偶者控除</u>のみ。配偶者特別控除は、配偶者の合計所得金額が<u>48万円超133万円以下</u>の場合に適用される。 |

| A〈31〉 頻出 | ✕ | 社会保険料控除には上限は<u>なく</u>、支払った社会保険料<u>全額</u>がその対象となる。 |

| A〈32〉 | ✕ | 所得税の基礎控除の金額は、合計所得金額が2,400万円以下の場合、<u>48万円</u>である。なお、2,400万円超から2,450万円以下の場合は<u>32万円</u>、2,450万円超から2,500万円以下の場合は<u>16万円</u>、2,500万円超では<u>0円</u>である。 |

| A | ✕ | NISA口座内で生じた譲渡損失の金額は、特定口座内の上場株式の譲渡益と損益通算することはできない。 |

Q⟨33⟩
□□□
健康保険の保険料は、所得税における生命保険料控除の対象となる。

Q⟨34⟩
□□□
医療費控除の金額は、「医療費－給付金等で補てんされた金額－10万円(総所得金額が200万円未満の場合は総所得金額×5%)」で計算される。

Q⟨35⟩
□□□
生計を一にする妻の負担するべき社会保険料を夫が支払った場合、その夫の所得税を計算する際に全額が社会保険料控除の対象となる。

Q⟨36⟩
□□□
医療費控除の対象となる医療費は、診療費、治療費、医薬品の購入費などがあり、薬局で健康増進のために買ったビタミン剤も含まれる。

Q⟨37⟩
□□□
健康診断をしてとくに疾病などは見つからなかった場合でも、その健康診断の費用は医療費控除の対象となる。

6 税額控除 　　/ 3

Q⟨38⟩
□□□
2024年中に住宅を取得・入居し、住宅借入金等特別控除の適用を受ける場合、住宅借入金等の年末残高に対して1.0%の金額が税額控除として適用される。

Q⟨39⟩
□□□
住宅借入金等特別控除の適用が受けられる住宅ローンは、金融機関からの借入れで償還期間が10年以上という要件がある。

過去問チェック! [2022-1]

Q 夫が生計を一にする妻に係る確定拠出年金の個人型年金の掛金を負担した場合、その負担した掛金は、夫に係る所得税の小規模企業共済等掛金控除の対象となる。

A〈33〉 ✕　健康保険の保険料は、社会保険料控除の対象である。

A〈34〉 ◯
頻出
給付金等で補てんされた金額とは、生命保険からの
入院給付金や、健康保険などで支給される高額療養
費・家族療養費、出産育児一時金などである。

A〈35〉 ◯　居住者が自己と生計を一にする配偶者その他親族の
負担するべき社会保険料を支払った場合も、支払っ
た全額がその居住者の所得税を計算する際に社会保
険料控除の対象となる。

A〈36〉 ✕　治療が目的の医療費が対象となるため、健康増進の
ためのビタミン剤は適用外となる。

A〈37〉 ✕
頻出
健康診断の費用は、重大な疾病が見つかりその後治
療を開始した場合には医療費控除の対象となる。
（ひっかけ）

A〈38〉 ✕
頻出
2024年中に入居した場合に受けられる住宅借入
金等特別控除の控除額は、年末のローン残高に対し
て0.7%である。

A〈39〉 ◯
頻出
10年以上の償還期間が必要なため、繰上げ返済な
どで借入当初からの償還期間が10年に満たなく
なった場合は、それ以降、住宅借入金等特別控除の
適用はない。

A ✕　個人型確定拠出年金の掛金は小規模企業共済等掛金
控除の対象であるが、本人の掛金のみで妻の掛金は
対象とならない。

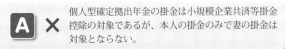

Q〈40〉 2024年中に住宅を取得・入居し、住宅借入金等特別控除の適用を受ける場合、控除が受けられる期間は最長で15年である。

7 確定申告　　　　　／4

Q〈41〉 所得税の確定申告の期間は、原則として所得があった年の翌年2月1日から3月15日までである。

Q〈42〉 確定申告後に納付した税額が過少であったとわかった場合、更正の請求で訂正することができる。

Q〈43〉 事業所得、譲渡所得、山林所得のいずれかがあるものは、所轄税務署長に青色申告承認申請書を提出し承認を受けた場合、青色申告で各種の特典を受けることができる。

Q〈44〉 所得税の青色申告者は日々の取引を記帳し、その帳簿を保存する必要があるが、その保存期間は原則3年である。

8 個人住民税　　　　　／2

Q〈45〉 個人住民税は、その年の1月1日現在に日本国内に住所がある者が課税対象となる。

Q〈46〉 個人住民税は、所得税と同様、自分で所得と税額を申告して納付する申告納税方式である。

📄 **過去問チェック！** [2023-9]

Q 給与所得者のうち、その年中に支払を受けるべき給与の収入金額が1,000万円を超える者は、所得税の確定申告をしなければならない。

A〈40〉 ✕ 2024年中に住宅を取得・入居した場合、住宅借入金等特別控除が受けられる期間は、最長13年間である。ただし、中古住宅の場合は10年間である。

A〈41〉 ✕ 所得税の確定申告の期間は、原則として翌年の<u>2月16日</u>から<u>3月15日</u>までの間である。ただし、還付申告の場合は1月1日から受け付けている。

A〈42〉 ✕
頻出 ✒
納付した税額が過少であった場合の訂正は、更正の請求ではなく、<u>修正申告</u>である。

A〈43〉 ✕ 青色申告ができるのは、<u>不動産所得</u>、<u>事業所得</u>、<u>山林所得</u>のいずれかがあるものである。

A〈44〉 ✕ 青色申告者が備え付けるべき帳簿の保存期間は、原則<u>7年</u>である。

A〈45〉 ◯ 住民税の賦課期日はその年の<u>1月1日</u>で、前年の所得を基礎として課税される。

A〈46〉 ✕
頻出 ✒
個人住民税は、市町村が税額を計算し、納税義務者へ通知書を交付する<u>賦課課税方式</u>となっている。

A ✕ 給与収入の金額が2,000万円を超える場合は確定申告が必要である。

1 我が国の税制

/ 1

Q 01
□□□
贈与税は国に納める国税で、税金を負担する人と異なる人が納める間接税である。

2 所得税の仕組み

/ 5

Q 02
□□□
日本国内に住所を有する個人、または現在まで引き続き1年以上居所を有する個人を、所得税法上の居住者という。

Q 03
□□□
所得税では原則として、その年に収入すべきことが確定した金額を収入金額として計上するため、実際にお金を受け取っていなくても、受け取ることが確定していればその年の収入金額とする。

Q 04
□□□
給与所得者が受け取る通勤手当は、通常必要と認められる金額であれば、限度なく非課税となる。

Q 05
□□□
給与所得者が受け取る家族手当は、最高月額10万円までは非課税である。

Q 06
□□□
医療保険契約に基づいて被保険者本人が受け取った入院給付金は非課税所得である。

過去問チェック！ [2019-5]

Q 所得税法における居住者(非永住者を除く)は、原則として、国内で生じた所得について所得税の納税義務は生じるが、国外で生じた所得について所得税の納税義務は生じない。

A 01 ✕ 贈与税は<u>国税</u>であるが、税金を負担する人が納める<u>直接税</u>である。

A 02 ◯ 居住者のうち日本国籍がなく、かつ、過去<u>10年</u>以内に国内に住所または居所を有していた期間が<u>5年</u>以下である個人を<u>非永住者</u>という。非永住者以外の居住者は、すべての所得に対して課税される。

A 03 ◯ このような収入の計算基準を、<u>発生主義</u>という。一方、実際に受け取った収入を基準に計算するものを、<u>現金主義</u>という。

A 04 ✕
頻出
非課税となる金額は、最高月額<u>15万円</u>までとなる。
（ひっかけ）

A 05 ✕ 家族手当、住宅手当などの手当ては、給与所得として<u>課税の対象</u>となる。

A 06 ◯ 入院給付金、手術給付金、通院給付金、特定疾病保険金などの生前給付金を<u>被保険者本人</u>が受け取る場合、非課税となる。

A ✕ 所得税法上の居住者は非永住者を除き、所得が生じた場所が国内外問わずすべての所得に対して所得税の納税義務がある。

3 10種類の所得

 /15

Q〈07〉 上場株式の配当等は支払われる際に源泉徴収が行われるが、その源泉徴収税率は所得税15.315%、住民税5%である。

Q〈08〉 事業用の固定資産を譲渡した場合の収入は、事業所得となる。

Q〈09〉 事業所得を計算する際には、売上原価、製造原価、減価償却費、給与・賃金、地代・家賃などが必要経費となるが、生計を一にする親族に支払う給与・家賃なども全額必要経費となる。

Q〈10〉 所得税法上、2024年に新たに取得した建物の減価償却は定額法となる。

Q〈11〉 土地は、時の経過によって価値が減少するものではないため、減価償却資産とはならない。

Q〈12〉 個人が受け取る収入で、アパートの賃貸借契約を更新する際に受け取る更新料は不動産所得となる。

Q〈13〉 敷金や保証金等は、不動産所得の計算上、すべて収入とされない。

Q〈14〉 譲渡所得のうち、土地・建物・株式等以外の譲渡についての譲渡所得は、「総収入金額−(取得費＋譲渡費用)」で計算する。

📄 **過去問チェック!** [2021-9(加工)]

Q 所得税において、為替予約を締結していない外貨定期預金の満期による為替差益は、雑所得として総合課税の対象となる。

A 07 ○ 源泉徴収によって課税を終了する（申告不要）ことも
（実）（技） できるが、総合課税や申告分離課税を選択すること
もできる。

A 08 ✕ 事業用の固定資産を譲渡した場合の収入は譲渡所得
となる。 （ひっかけ）

A 09 ✕ 生計を一にする親族に支払う給与・家賃などは、原
則として必要経費とならない。

A 10 ○ 1998年4月1日以降に取得した建物については、
定額法しか選択できない。また、2016年4月1日
以降に取得した建物附属設備および構築物も定額法
である。

A 11 ○ 時の経過により価値が減少しない資産は、減価償却
資産とはならない。

A 12 ○ アパートを賃貸して得る賃料の他、その際に受け取
る権利金（土地の価額の2分の1を超える場合は譲
渡所得）、礼金、更新料なども不動産所得となる。

A 13 ✕ 敷金や保証金等のうち、賃借人に返還を要しない部
（頻出）🏅 分については、不動産所得の計算上、収入とされる。

A 14 ✕ 土地・建物・株式等以外の譲渡所得については、特
別控除額（最高50万円）を差し引くことができるた
め、「総収入金額－（取得費＋譲渡費用）－特別控除
額（最高50万円）」となる。 （ひっかけ）

A ○ 外貨定期預金で為替差益が生じた場合、雑所得とし
て総合課税の対象となる。なお、利息部分は源泉分
離課税が適用される。

Q 15 □□□ 土地・建物等の譲渡の譲渡所得は、取得日から譲渡日までの期間が5年超か5年以下かにより、長期譲渡か短期譲渡かに分けられる。

Q 16 □□□ 勤続36年で退職した者が退職一時金を受け取った場合の退職所得控除額は、「800万円＋40万円×36年＝2,240万円」となる。

Q 17 □□□ 退職所得控除額を計算する際に、勤続年数に1年に満たない端数がある場合は、その端数は切り捨てて計算する。

Q 18 □□□ 勤続年数5年以下の法人役員等が退職金を受け取った際の退職所得は、「収入金額－退職所得控除額」で計算される。

Q 19 □□□ 退職一時金が支給される際には、すべてのケースで所得税と住民税を合わせて支給額の20%が源泉徴収されるため、引かれすぎた税金を戻すために、必ず確定申告が必要である。

Q 20 □□□ 契約者（＝保険料負担者）と被保険者がAさんである養老保険の満期保険金をAさんが受け取った場合、一時所得となる。

Q 21 □□□ 山林所得は、他の所得と合算して総合課税となる。

過去問チェック！ ［2022-9（加工）］

Q 確定拠出年金の個人型年金の老齢給付金について、その全額を一時金で受け取った場合、当該老齢給付金は、一時所得として所得税の課税対象となる。

A⟨15⟩ ✕ 土地・建物等の譲渡の譲渡所得は、取得日から<u>譲渡日が属する年の1月1日</u>までの期間が5年超か5年以下かによって、長期譲渡か短期譲渡かに分けられる。
（ひっかけ）

A⟨16⟩ ✕ 勤続20年以上で退職した場合の退職所得控除額の計算式は「800万円+<u>70万円</u>×(<u>勤続年数-20年</u>)」。問題の場合は「800万円+70万円×(<u>36年-20年</u>)=1,920万円」となる。
頻出

A⟨17⟩ ✕ 勤続年数に1年に満たない端数がある場合は、1カ月であっても<u>切り上げて1年</u>として計算する。

A⟨18⟩ ◯ 退職所得の計算は「(収入金額-<u>退職所得控除額</u>)×<u>2分の1</u>」で計算されるが、勤続年数5年以下の法人役員等が退職金を受け取った際には<u>2分の1</u>としない。

A⟨19⟩ ✕ 退職一時金は「退職所得の受給に関する申告書」を提出している場合は、支給の際に退職所得控除を適用した上で所得税と住民税が源泉徴収される。基本的には正しい税額が徴収されるため、確定申告の<u>必要はない</u>。
頻出

A⟨20⟩ ◯ 自身で保険料を負担した保険の満期金を受け取った場合には<u>一時所得</u>となる。
頻出

A⟨21⟩ ✕ 山林所得は他の所得とは切り離して<u>分離課税</u>とされ、<u>5分5乗方式</u>で計算される。

A ✕ 個人型確定拠出年金からの老齢給付金を一時金で受け取った場合、その給付額は退職所得として課税の対象となる。

4 損益通算

Q 22 不動産所得の計算上生じた損失のうち、土地等の取得に要した負債利子は、損益通算することができない。

Q 23 1年間の所得が下記の場合、損益通算後の総所得金額は350万円である。
給与所得450万円　　一時所得の損失80万円
事業所得の損失100万円

Q 24 青色申告を選択していた年分に生じた損失のうち、損益通算しても引ききれない損失は、純損失の繰越控除として翌年以降3年間繰り越すことができる。

5 所得控除

Q 25 2024年に契約した一般の生命保険で1年間に8万円超の保険料を支払った場合、4万円が生命保険料控除として所得から控除することができる。

Q 26 2024年に医療保険を契約した場合、1年間の支払保険料が8万円超の場合は、4万円の介護医療保険料控除の適用が受けられる。

Q 27 個人型確定拠出年金の掛金は、所得税における社会保険料控除の対象となる。

過去問チェック！ [2021-9]

Q 所得税法上、控除対象扶養親族のうち、その年の12月31日現在の年齢が70歳以上の者は、老人扶養親族に該当する。

A 22 **頻出** ○ 土地等を借入金を利用して取得し、不動産所得を得ている場合には、土地等の取得に要した負債利子は必要経費とされるが、<u>他の所得との損益通算はできない</u>。

A 23 **実技** ○ 損益通算できる損失は、<u>不動産</u>所得、事業所得、<u>山林</u>所得、<u>譲渡</u>所得からの損失に限られる。このケースで損益通算できる損失は<u>事業</u>所得の損失の<u>100</u>万円のみであり、給与所得の450万円から差し引くと、総所得金額は<u>350</u>万円となる。

A 24 ○ 損失が生じた<u>翌年以降</u>も、引き続き確定申告をする必要がある。

A 25 ○ なお、2011年以前に契約した生命保険については、1年間に<u>10</u>万円を超えて保険料を支払った場合、<u>5</u>万円の控除ができる。

A 26 ○ 2012年以降の契約の場合、一般の生命保険料控除と個人年金保険料控除と介護医療保険料控除の3つを合わせて最高<u>12</u>万円の控除額となる(各<u>4</u>万円)。

A 27 **頻出** ✕ 個人型確定拠出年金の掛金は、<u>小規模企業共済等掛金控除</u>の対象である。 （ひっかけ）

A ○ 扶養控除の対象となるかどうかの年齢の判定は、その年の12月末時点の状況で判断される。

重要

Q 28 配偶者が青色事業専従者または事業専従者に該当する場合は配偶者特別控除の適用は受けられない。

Q 29 15歳以下の扶養親族の扶養控除の金額は、38万円である。

Q 30 20歳の扶養親族の扶養控除の金額は、63万円である。

Q 31 会社員のAさん（給与所得600万円）が2024年中に支払った医療費の合計は35万円である。医療保険などから受け取った入院給付金が15万円である場合、Aさんが受けられる医療費控除の額は20万円である。

Q 32 医療費控除の対象となる医療費は、その年中に本人が自身のために支払った医療費のほかに、生計を一にする親族のために支払った医療費も認められる。

6 税額控除 　　／4

Q 33 上場株式の配当は、総合課税を選択した場合は所得税の計算上、配当控除の適用を受けることができる。

Q 34 2024年中に75㎡の住宅を取得・入居し住宅借入金等特別控除の適用を受ける場合、合計所得金額が2,000万円を超える年は適用を受けることができない。

過去問チェック! [2023-5]

Q 所得税において、国民年金基金の掛金は、社会保険料控除の対象となる。

A 28 ○ 事業所得を計算する際には、生計を一にする親族へ支払う給与などは原則として必要経費とはならないが、一定の要件の下で青色事業専従者給与または事業専従者控除として必要経費とすることができる。

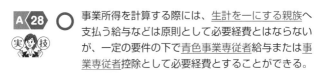

A 29 × 15歳以下の扶養親族には、扶養控除の適用がない。

A 30 ○ 19歳以上23歳未満の扶養親族に対する扶養控除の金額は、63万円である。
頻出

A 31 × 医療費控除の金額は、「(医療費－給付金等で補てんされる金額)－10万円」で計算される。問題の場合、(35万円－15万円)－10万円＝10万円　となる。

A 32 ○ 生計を一にする親族に、所得の要件はない。

A 33 ○ 申告不要もしくは申告分離課税を選択した場合は、配当控除の適用は受けられない。
頻出

A 34 ○ 合計所得金額が2,000万円を超える年は、住宅借入金等特別控除の適用が受けられない。なお、一定の条件を満たし、40㎡以上50㎡未満の住宅でこの特別控除の適用を受ける場合は、その年の合計所得金額が1,000万円を超える年は適用が受けられない。
頻出

A ○ 国民年金基金の掛金は、月額68,000円が限度で、全額が社会保険料控除となる。

Q 35 課税総所得金額が800万円で、そのうち配当所得金額が80万円である場合に、所得税における配当控除の金額は4万円である。

Q 36 2024年5月に省エネ基準適合住宅を取得・入居し、住宅借入金等特別控除の適用を受ける場合、年末のローン残高の限度額は2,000万円である（子育て特例対象個人ではないとする）。

7 確定申告

Q 37 給与所得者が住宅借入金等特別控除の適用を受ける場合、適用期間中は毎年確定申告が必要である。

Q 38 給与所得者で年末調整を受けた者でも、給与所得と退職所得以外の所得が合計で10万円を超える場合は、所得税の確定申告の必要がある。

Q 39 所得税の確定申告が必要な者が確定申告書を提出しないまま亡くなってしまった場合は、その者の相続人が相続の開始日の翌日から4カ月以内に確定申告をしなければならない。

Q 40 1年間で一定以上の医療費を支払った場合、年末調整によって医療費控除の適用を受けることができる。

Q 41 青色申告を選択している者は、所轄税務署長に届け出て承認された場合、生計を一にする親族に支払う給与を必要経費とすることができる。

過去問チェック！ [2020-9（加工）]

「ふるさと納税ワンストップ特例制度」を利用することができる者は、同一年中のふるさと納税先の自治体数が5以下である者に限られる。

A 35 ✕ 課税総所得金額が1,000万円以下の場合、配当控除の金額は、「配当所得金額×10%」で計算される。問題のケースでは80万円×10%＝8万円となる。

A 36 ✕ 2024年5月に入居の場合は、省エネ基準適合住宅の場合3,000万円、ZEH水準省エネ住宅の場合3,500万円、認定住宅の場合4,500万円である。

A 37 ✕ 給与所得者が住宅借入金等特別控除の適用を受ける場合は、1年目は確定申告が必要であるが、2年目以降は年末調整で受けることができる。

（ひっかけ）

A 38 ✕ 給与所得と退職所得以外の所得が合計で20万円を超える場合は、確定申告が必要である。

頻出 ✍

A 39 ◯ この確定申告のことを準確定申告という。

A 40 ✕ 医療費控除、雑損控除、寄附金控除は給与所得者の年末調整では適用されないため、確定申告が必要である。

A 41 ◯ 所轄税務署長に承認を受けた金額の範囲で、実際に支払った金額が必要経費とされる。

頻出 ✍

A ◯ 設問のとおり。なお、「ふるさと納税ワンストップ特例制度」とは確定申告を行わなくてもふるさと納税の寄附金控除が受けられる制度である。

199

Q 42 55万円の青色申告特別控除の適用を受けることができるのは、青色申告者である事業所得者または事業的規模の山林所得者が、正規の簿記により記帳し、貸借対照表、損益計算書等を添付して確定申告を行った場合である。

□□□

Q 43 青色申告を受けようとする年の1月15日以前に業務を開始していた場合、青色申告をしようとする年の3月31日までに申請する必要がある。

□□□

8 個人住民税

Q 44 給与所得者の個人住民税は、6月から翌年5月までの12カ月間で分割し、毎月の給料から徴収される特別徴収方式となっている。

□□□

Q 45 住民税の配偶者控除は35万円である。

□□□

Q 46 前年の合計所得金額が、2,400万円以下の場合の個人住民税の基礎控除は、43万円である。

□□□

9 個人事業税

Q 47 個人事業税は、1年間の所得から事業主控除額190万円を差し引き、事業区分に応じた税率を乗じて算出する。

□□□

過去問チェック！ [2019-1]

Q その年の1月16日以後、新たに業務を開始した者が、その年分から所得税の青色申告の適用を受けるためには、その業務を開始した日から2カ月以内に、青色申告承認申請書を納税地の所轄税務署長に提出し、その承認を受けなければならない。

A<42>
頻出

✕ 事業所得者または事業的規模の<u>不動産所得者</u>が、正規の簿記により記帳して、貸借対照表、損益計算書等を添付して確定申告を行った場合に、原則<u>55万円</u>の青色申告特別控除の適用を受けることができる。
（ひっかけ）

. . . .

A<43> ✕ 青色申告の申請は青色申告を受けようとする年の1月15日以前に業務を開始していた場合には、その適用を受けようとする年の<u>3月15日</u>までにする必要がある。

A<44> ◯ 給与所得者以外は、納税通知書に従って<u>6月</u>、<u>8月</u>、<u>10月</u>、翌年<u>1月</u>に分割して納付する。

. . . .

A<45> ✕ 納税者本人の合計所得金額によって<u>11万円・22万円・33万円</u>となる。

. . . .

A<46> ◯ なお、合計所得金額が2,400万円超となると控除額は逓減し、2,500万円超となると適用はない。

A<47> ✕ 個人事業税の課税対象者は、<u>事業所得</u>、<u>不動産</u>所得がある個人で、1年間の所得から事業主控除として差し引くことができる事業主控除は、<u>290万円</u>である。

A ◯ 既に業務を行っている場合、青色申告をしようとする年の3月15日までに申請をする必要があるが、その年の1月16日以後に業務を開始した場合、その業務を開始した日から2カ月以内となる。

第4章 タックスプランニング 一問一答（重要）

不動産

要/点/整/理/

一問一答Q&A(基本)

一問一答Q&A(重要)

FP技能検定3級　出題傾向と対策

　不動産からは、「不動産の見方(登記、価格、調査等)」「不動産の取引(宅地建物取引業法、借地借家法等)」「不動産に関する法令上の規制(建築基準法、都市計画法等)」「不動産に係る税金(取得・保有・譲渡)」などから、ほぼ毎回出題されています。とくに、建築基準法や都市計画法などの法令上の規制は、最重要ポイントです。税金に関する問題では、取得・保有・譲渡の中でも、譲渡の出題頻度が高くなっています。

　実技試験では、建蔽率や容積率などの計算問題も出題されますので、計算問題に慣れておくことが必要です。

●これまでの出題傾向

	2024年1月			2023年9月			2023年5月			2023年1月			2022年9月		
	学科	実技		学科	実技		学科	実技		学科	実技		学科	実技	
		金	協会		金	協会		金	協会		金	協会		金	協会
1 不動産の見方	❷		❶	❷			❷			❶			❶		
2 不動産の取引	❶			❶		❷	❷			❷	❶	❶	❸	❶	
3 不動産に関する法令上の規制	❹	❶	❷	❹	❶		❸	❶	❶	❹	❶	❷	❷	❶	❶
4 不動産の取得・保有に係る税金	❶							❶					❷		❶
5 不動産の譲渡に係る税金	❶	❶	❶	❷	❶		❷	❶			❶		❶	❶	❶
6 不動産の賃貸															
7 不動産の有効活用	❶	❶		❶	❶		❶	❶		❶	❶		❶		
8 不動産の証券化															
9 不動産の最新の動向															

（金：金財(個人資産相談業務)／協会：FP協会の出題数を表す）

第5章 不動産

1 不動産の価格

重要度 **B**

1 土地の公的価格 頻出

〈4つの公的価格〉

名　称	公示価格	基準地価格	相続税評価額（路線価）	固定資産税評価額
所轄官庁	〔国土交通省〕	〔都道府県〕	〔国税庁〕	市区町村
基準日	毎年 1月1日	毎年 7月1日	毎年 1月1日	3年ごとの 基準年度の 前年1月1日
使用目的	取引の指標	公示価格の 補完	相続税・ 贈与税の 課税標準	各種税金の 課税標準

2 不動産価格の鑑定評価

原則として次の3つの方法を併用します。

①原価法（積算価格を求める）

> 再調達原価（今対象不動産と同じものを作る価格）－減価修正

②取引事例比較法（比準価格を求める）

> 近隣類似地域の取引事例価格×事情補正×時点修正
> 　　　　　　　　　　　　×地域要因補正×個別要因補正

③収益還元法（収益価格を求める）

　対象不動産が将来生み出すであろう純収益の現在価値の総和を、還元利回りで還元して求める方法で、2つの方法があります。

⑴直接還元法

> 年間純収益÷還元利回り

≪例≫年間純収益500万円÷還元利回り5％＝1億円

(2)DCF法

不動産保有期間中の純収益の総和の現在価値
　　　　＋保有期間終了後の売却価格（復帰価格）の現在価値

2 不動産の取引 頻出 重要度 A

1 不動産の用語

①土 地
分類＝地目、面積＝地積。1筆、2筆と数えます。
登記上の地番、地目や地積と実際の住居表示や現地の種類や
面積は、必ずしも一致しません。

②建 物
分類＝種類。建物は1個、2個と数えます。

2 不動産の権利

| 所有権 | 不動産を所有し自由に使用・収益・処分できる権利 |
| 借地権 | 建物を建てる目的で他人の土地を使用・収益する権利 |

3 不動産売買の注意点

〈不動産売買契約の流れ〉

| 売買契約締結 | 引渡・所有権移転 | 契約不適合責任 |

| 手付金支払 | 残代金支払 | 入居・使用収益 |

①手付金 頻出
売買契約と同時に買主が売主に支払う金銭を手付金といいます。民法では手付金は解約手付とみなされ、相手方が契約の履行に着手する前であれば、買主は手付金を放棄し、売主は手付金の倍額を現実に提供することで契約を解除することができます。

②危険負担

売買契約締結後、引渡しまでの間に対象不動産が天災などで滅失した場合の措置。

民法　⇒　危険負担は**売主**が負担する

③契約不適合責任 頻出 ✓

対象不動産の種類、品質、数量に契約の内容に適合しないものがあったときの措置。

民法　⇒　買主は①修補請求、②代替物請求、③不足分請求のほか、代金減額請求や損害賠償請求、契約の目的が達成できなかった場合は、契約解除

ただし、不適合が買主の責めに帰すべき事由によるものであるときは請求不可。「売主は、契約不適合責任を一切負わない」とする特約も可

〈契約不適合責任の期間〉

売主の立場	責任の対象	責任の期間
一般人	土地・建物	買主が種類または品質に関して契約不適合を知ったときから1年以内に通知
住宅供給業者	新築住宅	引渡日から10年間
宅地建物取引業者	土地や既存住宅	引渡日から2年以上

④ 不動産に関する民法

①相隣関係

土地の所有者は、境界付近における工作物の築造や修繕などを行う場合、隣地所有者等の承諾を得ることなく、必要な範囲内で隣地を使用することができます。ただし、目的や日時などを通知する必要があります。

②所在等不明共有者がいる場合の変更・管理

所在等不明共有者がいる場合には、裁判所の決定を得て、一定の保存行為を行うことができます。

④財産管理制度

所有者不明の土地や建物について、利害関係人の請求によって裁判所が管理人を選任することができます。

3 不動産の登記

　不動産は土地1筆、建物1個ごとに法務局(登記所)の不動産登記簿に登記されています。登記を申請し完了すると登記名義人には登記識別情報が交付されますが、これを紛失しても再発行はされません。また、区分所有建物の登記上の床面積は、壁の内法で囲まれた面積で算出します。

1 登記の効力

対抗力	あり	登記すれば第三者に自分の権利を主張できる
公信力	なし	登記内容を信じて、その相手方と取引しても保護されない。登記内容が真実とは限らない

2 不動産登記簿

〈登記簿の構成〉 頻出

登記の種類	記載位置	登記の内容
表示に関する登記	表題部	不動産を特定する概要(所在・地番・種類・面積・構造など)
権利に関する登記	権利部 甲 区	所有権に関する事項(差押え・買戻し特約など)
	権利部 乙 区	所有権以外の権利に関する事項(賃借権・抵当権・地上権など)

3 法務局にあるその他の資料

公 図	土地の位置関係や地番がわかるが、精度は低い
14条地図	土地の形状や位置関係を比較的正確に表示

4 宅地建物取引業法 重要度C

1 宅地建物取引業者とは

　以下のことを「業」として行う者が宅地建物取引業者です。
　・宅地、建物を自ら売買、交換する者
　・宅地、建物の売買、交換、貸借の代理をする者
　・宅地、建物の売買、交換、貸借の媒介をする者

②業務等

①宅地建物取引士の業務

宅地建物取引士は、契約の締結の前までに重要事項説明書を相手方に説明し、記名しなければなりません。ただし、相手方が宅建業者の場合、説明を省略することができます。

②名　簿

宅地建物取引業者については、免許番号や業務停止の処分内容などが記載された名簿が国土交通省、都道府県に設置されており、誰でも閲覧できます。

③報酬額

宅地建物取引業者が宅地建物の売買、代理、貸借について得られる報酬額には上限が定められています。

④契約書への記名

宅地建物取引士は不動産に関する契約書に記名しなければなりません（媒介契約書の場合、押印も必要）。

⑤建物状況調査の説明義務

宅地建物取引業者は、既存の建物（中古住宅など）の媒介依頼者に交付する媒介契約書に、建物状況調査（建物診断）を実施する者（調査業者等）のあっせんに関する事項を記載し、説明しなければなりません。

5　法令上の制限〈1〉都市計画法　重要度B

1 都市計画法

都市計画法では、日本の国土は次のように区分されています。

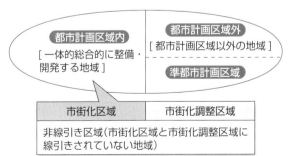

<市街化区域と市街化調整区域>

市街化区域	既に市街地を形成している区域、およびおおむね10年以内に優先的かつ計画的に市街化を図るべき区域
市街化調整区域	市街化を抑制すべき区域

②開発行為

　開発行為とは、建築物の建築などを目的とする一定規模以上の土地の区画・形質の変更のことです。原則として**都道府県知事の許可**が必要となります。開発行為を行うときは、行為が終了して公告があるまでは、原則として建物は建てられません。

区域区分	規制の対象規模
市街化区域	原則として1,000㎡以上
市街化調整区域	〔面積にかかわらず、すべて必要〕

6 法令上の制限〈2〉建築基準法 重要度 A

①用途地域 頻出

　市街化区域には、**必ず用途地域を定めます**。用途地域によって、建築可能な建物の用途が決められています。
　敷地が異なる用途地域にまたがっている場合、**敷地の過半を占める用途地域を敷地全体に適用します**。

13種類の用途地域				
住居系	第一種低層住居専用地域	商業系	近隣商業地域
	第二種低層住居専用地域		商業地域
	第一種中高層住居専用地域	工業系	準工業地域
	第二種中高層住居専用地域		工業地域
	第一種住居地域		工業専用地域
	第二種住居地域		
	準住居地域		
	田園住居地域		

②敷地と道路との関係 頻出

　建物の敷地は原則として幅4m以上の道路に2m以上接していなければなりません。

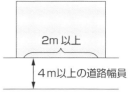

　前面道路が4m未満の場合、道路中心線から2m後退したところを道路境界線とみなし、後退した部分は敷地と認められません（42条2項道路）。

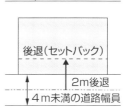

③防火地域

　建物の防火のために、防火地域・準防火地域・指定のない地域が定められています。敷地が異なる地域にまたがっている場合は、制限が**より厳しいほう**の地域を敷地全体に採用します。

④建蔽率

①建蔽率とは

　建築物の敷地面積に対する建築面積の割合をいい、都市計画において指定建蔽率が定められています。

$$建蔽率（\%）＝\frac{建築面積}{敷地面積}×100$$

②建蔽率の緩和措置

	敷地の条件	建築する建築物	緩　和
A	防火地域	耐火建築物	＋10%
B	特定行政庁が指定する角地	—	＋10%
C	指定建蔽率80%の防火地域	耐火建築	制限なし
D	準防火地域	耐火建築物 準耐火建築物等	＋10%

　AとBに両方該当する場合は、＋20%となります。

③建蔽率が異なる地域にまたがっている場合の措置 頻出 👆

敷地が異なる建蔽率にまたがっている場合は、面積按分（加重平均）して計算します。

〈計算例〉

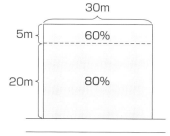

$$\frac{30m \times 20m}{30m \times 25m} \times 80\%$$

$$+ \frac{30m \times 5m}{30m \times 25m} \times 60\%$$

$$= 64.0\% + 12.0\%$$

$$= 建蔽率76.0\%$$

⑤容積率

①容積率とは

建築物の敷地面積に対する延床面積の割合をいい、都市計画において指定容積率が定められています。

$$容積率(\%) = \frac{延床面積}{敷地面積} \times 100$$

②容積率の緩和措置

敷地の前面道路（2つ以上ある場合は、もっとも幅員が広い道路）が12m未満の場合は、以下の計算による容積率と指定容積率のいずれか小さい数値を採用します。

住居系の用途地域の場合　前面道路の幅員×4/10
その他の用途地域の場合　前面道路の幅員×6/10

③容積率が異なる地域にまたがっている場合の措置

敷地が異なる容積率にまたがっている場合は、面積を按分（加重平均）して計算します（建蔽率と同様）。

1 普通借地権

①存続期間

普通借地の契約	30年間
1回目の更新	20年間
それ以降の更新	10年間刻み

* 30年間より短い契約は30年間の契約とみなす

借地権は、借地人が建物の登記をすることで対抗要件（対抗力）が整います。

②法定更新

・期間が満了しても借地人が更新を請求し建物が存在すれば従前と同条件で契約を更新したものとみなします。

・借地権設定者（地主）が正当事由に基づいて遅滞なく異議を申し出た場合は、この法定更新は行われません。

2 定期借地権

期限を定めて土地を賃貸する契約を定期借地権といいます。

〈定期借地権の種類〉

種類 項目	一般定期 借地権	建物譲渡 特約付借地権	事業用定期借地権
存続期間	50年以上	30年以上	10年以上50年未満
利用目的	用途制限なし	用途制限なし	〔事業用に限定 （アパートは不可）〕
契約方法	〔書面による〕	制限なし	〔公正証書による〕

3 普通借家権

他人の建物を使用収益できる権利を借家権といいます。

①存続期間

普通借家権の存続期間　⇒　1年以上

・1年より短い契約は期間の定めがない契約とみなされる

②法定更新

・期間が満了しても賃貸人から正当事由に基づく更新の拒否がなければ法定更新される
・期限の定めがない契約の場合は、賃貸人は6カ月以上前に正当事由に基づいて解除を申し入れることができる

4 定期借家権

借家する期間を契約で定めておく借家契約です。

① 存続期間

期間は自由(1年以内も可能)

② 契約の更新

更新はありません。契約終了時には、賃貸人から賃借人に終了6カ月前までに通知しなければなりません。

③ 契約方法

・書面あるいは電磁的記録による契約
・賃貸人から賃借人に別の書面あるいは電磁的方法で「更新がなく期間満了で終了する旨」を説明すること

8 法令上の制限〈4〉区分所有法

1 区分所有建物の構成

区分所有建物は次の3つの部分で構成されています。

専有部分		構造機能上独立した区分所有権の対象部分
共用部分	法定共用部分	専有部分以外(玄関・エレベーターなど)で区分所有者全員で所有している部分
	規約共用部分	管理人室・集会室など規約で共用部分とした部分
敷地利用権		区分所有建物の敷地に関する権利

* 専有部分と敷地利用権は、原則として分離処分できない

２ 規約と決議

区分所有建物では規約の設定や変更・廃止などは区分所有者の議決で決定します。建物の建て替えは、区分所有者数および議決権※の5分の4以上で議決されます。

※ 議決権とは、各区分所有者が所有する専有面積の割合

１ 農地とは

農地とは、登記上の地目にかかわらず、現況で「耕作の目的に供される土地」のことをいい農地と採草放牧地が含まれます。

２ 手続き

農地について次に該当するときは、所定の手続きが必要になります。

条文	規制する内容	許可権者	市街化区域内の特例
3条許可	所有権の移転や権利の設定	〔農業委員会〕	―
4条許可	農地以外への転用	原則として知事	あらかじめ農業委員会に届け出れば許可不要
5条許可	転用目的の所有権の移転や権利の設定	原則として知事	あらかじめ農業委員会に届け出れば許可不要

１ 不動産取得税

① 不動産取得税の概要

課税主体	都道府県が課税する都道府県税
納税義務者	不動産を取得した者（有償無償・登記の有無を問わない）。相続による取得は非課税
課税標準額	固定資産課税台帳に登録された価格
税　率	4％

②特 例 [頻出]

(1)住宅および住宅用地 ⇒ 税率3%

(2)宅地 ⇒ 固定資産税評価額の2分の1

(3)住宅 ⇒ 一定の住宅は、 課税標準額-1,200万円控除

2 登録免許税

①登録免許税の概要

課税主体	国が課税する国税
納税義務者	〔登記を受ける者〕
課税標準額	所有権保存登記 ⇒ 固定資産税評価額 所有権移転登記 ⇒ 固定資産税評価額 抵当権設定登記 ⇒ 債権額(借入額)
税率(原則)	所有権保存登記 ⇒ 0.4% 所有権移転登記 ⇒ 2.0%(建物) 抵当権設定登記 ⇒ 0.4%

3 印紙税

　印紙税は代金額1万円以上の売買・請負契約書などに印紙を貼付し消印して納める国税です。貼付することを忘れた場合、過怠税の対象となりますが、契約書の内容は有効です。

4 消費税

　不動産に関して消費税が課税されないものは、土地の売買代金・住宅の賃料です。

---

11 不動産を保有するときの税金　重要度 A

1 固定資産税

①固定資産税の概要

課税主体	市町村が課税する市町村税
納税義務者	毎年1月1日時点で固定資産課税台帳に記載された固定資産の所有者
課税標準額	固定資産課税台帳に登録された価格
税　率	1.4%

②住宅用地の特例 改正

住宅用地は次のように減額されます。

減額される土地の範囲	用地の名称	減額割合
住宅1戸につき200㎡まで	小規模住宅用地	〔1/6〕
小規模住宅用地を超える部分	一般住宅用地	1/3

* ただし、勧告を受けた管理不全空家等や特定空家等の敷地については適用されない

2 都市計画税

課税主体	市町村が課税する市町村税
納税義務者	原則として1月1日現在の市街化区域内の土地家屋の所有者
課税標準額	固定資産課税台帳に登録された価格
税 率	制限税率最大0.3%

住宅用地は次のように減額されます。

減額される土地の範囲	用地の名称	減額割合
住宅1戸につき200㎡まで	小規模住宅用地	1/3
小規模住宅用地を超える部分	一般住宅用地	2/3

* ただし、勧告を受けた管理不全空家等や特定空家等の敷地については適用されない

12 不動産を譲渡したときの税金　重要度A

1 譲渡所得の計算

課税譲渡所得＝収入金額−(取得費＋譲渡費用)−特別控除

取得費＝不動産を取得したときの費用。不明な場合は収入金額の5%（概算取得費）で計算します。

譲渡費用＝譲渡のとき必要となった費用(仲介手数料・建物解体費用など)

2 税 率

短期譲渡
　↪39.63%（所得税30.63%、住民税9%）
長期譲渡
　↪20.315%（所得税15.315%、住民税5%）

短期譲渡と長期譲渡の区分は、譲渡した年の1月1日時点で所有期間が5年を超えるかどうかで判断します。

③居住用財産の3,000万円の特別控除 頻出

①仕組み
　居住用財産を譲渡した場合は、課税譲渡所得金額から3,000万円が控除できます。

②主な適用要件
・居住用財産であること
・譲渡の相手が配偶者や直系血族・同族会社など特別な関係がないこと
・前年、前々年に、この特例や「居住用財産の買換えの特例」「譲渡損失の繰越控除の特例」を受けていないこと

④居住用財産の軽減税率の特例
　1月1日現在で所有期間10年超の居住用財産を譲渡した場合は次のようになります。

課税譲渡所得金額	所得税	10.21%
6,000万円までの部分	住民税	4%
課税譲渡所得金額	所得税	15.315%
6,000万円超の部分	住民税	5%

　この特例の利用には、「3,000万円の特別控除」と同様の要件が必要で、同控除との併用もできます。

⑤被相続人の居住用財産(空き家)に係る譲渡所得の特別控除

①仕組み 改正
　被相続人の居住用財産を相続や遺贈によって取得した者が、その居住用財産を譲渡した場合、課税譲渡所得金額から3,000万円が控除されます。ただし、相続人が3人以上の場合は、控除額は1人当たり2,000万円となります。

②主な適用要件
・被相続人の居住用財産(1981年5月31日以前に建築された住宅に限る)で、それ以外に居住者がいなかったこと
・相続があった日から3年経過した日が属する年の12月31日までの譲渡

・譲渡の年の**翌年の２月15日**までに、家屋を解体するか耐震
　基準に適合するように改修工事をすること
・譲渡対価1億円以下

> この特別控除の特例の適用対象は、「相
> 続開始の直前まで被相続人が住んでいた
> 居住の用に供されていた家屋と敷地」で
> す。老人ホーム等に入所していた場合は、
> 一定要件を満たせば適用できます。

・市区町村が交付する「被相続人居住用家屋等確認書」を提出

⑥居住用財産の譲渡損失の繰越控除

①繰越控除の仕組み

⑴対象となる損失額
　譲渡した年の１月１日現在で所有期間**５年を超える**居住用財
産を譲渡したときの損失額です。

⑵繰越控除の方法
　損失額をその年と**翌年以降３年間**、損失額に相当する金額ま
で他の所得と損益通算できます。

---

13 不動産賃貸に関する税金　重要度 **C**

①不動産所得とは

不動産賃貸によって得られる収入　⇒　不動産所得
敷金・保証金で将来返還予定のもの　⇒　預り金扱い
建物の貸付けが事業的規模であるかどうかの形式的な基準
　　　　　　　　　　　↓
> ５棟以上あるいは10室以上の貸付けであること

②不動産所得の損益通算

　不動産所得の赤字は、その年の他の所得の黒字と**損益通算**する
ことができます。なお不動産所得の赤字が土地取得のための借
入金の利息より多い場合は、その利息分は損益通算できません。

1 不動産投資の分析方法

①DCF法

将来得られるであろう各年の純収益と投資終了後の売却価格（復帰価格）を、期待する利回りで割り戻した現在価値の総和で投資判断をします。DCF法には、NPV法とIRR法があります。

(単位：万円)

投資期間	1年目	2年目	3年目	4年目	5年目	復帰価格
純収益	100	100	100	100	100	1,700
3%で割り戻した現在価値	97.08	94.25	91.51	88.84	86.26	1,466.42

合計価格1,924.36万円

この場合は、対象物を1,924.36万円で購入できれば、3%の利回りが期待できます。

②NPV法（正味現在価値法）

DCF法のうち、上記の期待する利回りを前提として、正味現在価値を求め**投資価格の妥当性**を判断する方法です。現在価値が投資額を上回れば投資有利となります。

③IRR法（内部収益率法）

DCF法のうち、上記の対象不動産の合計価格を前提として利回りを求め、**投資利回りの妥当性**を判断する方法です。収益率が期待利回りを上回れば投資有利となります。

重要用語

レバレッジ効果
投資の利回りが借入金の金利を上回っているとき、借入金を利用することで自己資金に対する投資利回りを上げることです。

1 不動産の価格

／2

Q〈01〉
□□□
固定資産税評価額は、毎年都道府県が公表している。

Q〈02〉
□□□
基準地価格は、毎年1月1日現在の土地の価格を市町村が公表している。

2 不動産の取引

／6

Q〈03〉
□□□
不動産鑑定評価において、収益還元法は、将来対象不動産が生み出すであろう純収益の現在価値の総和を還元利回りで還元して価格を求める方法である。

Q〈04〉
□□□
不動産登記上の土地の所在地番、地目、地積は、実際の住居表示や現地の種類、面積と一致している。

Q〈05〉
□□□
民法では、不動産売買契約で引渡し前に対象不動産が当事者双方に帰責性がない事由で滅失した場合の危険負担は、買主が負うものとされている。

Q〈06〉
□□□
住宅の品質確保の促進等に関する法律の規定によれば、新築住宅の売主が住宅の構造耐力上主要な部分の瑕疵担保責任を負う期間は、原則として、物件の引渡日から5年間とされている。

📄 **過去問チェック!** [2023-9]

Q 不動産の登記事項証明書は、対象不動産について利害関係を有する者以外であっても、交付を請求することができる。

勉強のコツ❶

宅地建物取引業法などの取引や、建築基準法や都市計画法など法令上の規制についてよく問われます。

A⟨01⟩ ✗ <u>3年</u>に一度、基準年の前年の1月1日現在の土地の価格を<u>市区町村</u>が公表している。
頻出

A⟨02⟩ ✗ 基準地価格は、市町村ではなく<u>都道府県</u>が7月1日現在の土地の価格を公表するものであり、公示価格を補完する意味合いがある。

A⟨03⟩ ◯ これはこのまま暗記しておく問題である。なお、収益還元法には<u>直接還元法</u>と<u>DCF法</u>がある。
頻出

A⟨04⟩ ✗ 登記は申請主義のため、実際の現地に変更があっても申請がなければそのまま登記が残されることから、登記と現地は<u>必ずしも一致していない。</u>
頻出

A⟨05⟩ ✗ 民法では危険負担は、不動産の引き渡しまでは<u>売主</u>が負うものとされている。

A⟨06⟩ ✗ 住宅の品質確保の促進等に関する法律の規定では、引き渡しから<u>10年間</u>とされている。

A ◯ 登記事項証明書は、所定の手数料を支払って申請すれば、誰でも取得することができる。

Q〈07〉 民法では不動産売買契約において、買主は種類または品質に関する契約不適合があることを知ったときから1年以内に売主に追完請求などをしなければならない。

Q〈08〉 宅地建物取引業者が自ら売主である場合、土地に関する契約不適合責任は、対象不動産の引渡しから1年以上としなければならない。

3 不動産の登記   /3

Q〈09〉 不動産の登記には、第三者に対する対抗力がある。

Q〈10〉 不動産登記簿の権利部甲区には、抵当権など所有権以外の権利に関する事項が記載されている。

Q〈11〉 誰でも手数料を支払えば、不動産登記の内容を閲覧したり、写しを取得することができる。

4 宅地建物取引業法   /2

Q〈12〉 宅地建物取引業者が宅地建物の賃借の媒介を行った場合の報酬額には、特段規定がない。

Q〈13〉 宅地建物取引業者が、不動産の売買の媒介を行ったときに受領できる報酬額の上限は、売買代金が400万円超の場合、売買代金の3％に6万円を足した額と相当の消費税額とされている。

 過去問チェック！ [2022-5]

Q 宅地建物取引業者は、自ら売主となる宅地または建物の売買契約の締結に際して、買主が宅地建物取引業者でない場合、売買代金の額の2割を超える額の手付金を受領することができない。

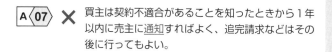

A〈07〉 ✕ 買主は契約不適合があることを知ったときから1年以内に売主に<u>通知</u>すればよく、追完請求などはその後に行ってもよい。

A〈08〉 ✕ 宅地建物取引業者が自ら売主である場合、土地に関する契約不適合責任は、引渡しから<u>2年</u>以上としなければならない。

A〈09〉 ○ 不動産を登記したものには、第三者に<u>自らの権利</u>を主張することができる。これを<u>対抗力</u>があるという。

A〈10〉 ✕ 権利部甲区には<u>差押え</u>など<u>所有権に関する事項</u>が記載されている。
頻出

A〈11〉 ○ 誰でも手数料を支払って閲覧、写しの取得をすることが<u>できる</u>。

A〈12〉 ✕ 貸借の媒介の場合は、賃料の<u>1カ月分</u>を報酬額の上限とする規定がある。
（ひっかけ）

A〈13〉 ○ 簡易計算で、「<u>売買代金の3%＋6万円</u>」と消費税と覚える。

A ○ 宅地建物取引業法では、売主が宅地建物取引業者である場合は、売買代金の額の2割を超える額の手付金等を受領できないことになっている。

基本

5 法令上の制限〈1〉都市計画法

Q⟨14⟩
□□□ 都市計画区域は、原則として市街化区域と市街化調整区域に線引きされる。

6 法令上の制限〈2〉建築基準法

Q⟨15⟩
□□□ 建築物の敷地が4m未満の道路に接している場合は、道路の中心線から2mまで敷地側に後退したところを道路境界線とみなし、後退した部分は敷地とは認められない。

Q⟨16⟩
□□□ 建築物の敷地が異なる建蔽率にまたがっている場合は、敷地の過半を占める建蔽率を敷地全体に適用する。

Q⟨17⟩
□□□ 容積率とは、建築物の延床面積の敷地面積に対する割合をいう。

Q⟨18⟩
□□□ 建築基準法において、建物の敷地は原則として幅4m以上の道路に2m以上接していなければならない。

7 法令上の制限〈3〉借地借家法

Q⟨19⟩
□□□ 借地借家法の規定によれば、事業用定期借地権等はもっぱら事業の用に供する建物の所有を目的とし、かつ存続期間を10年以上35年未満として設定される借地権である。

過去問チェック! [2021-1(加工)]

Q 建築基準法上、第一種低層住居専用地域内においては、原則として、老人ホームを建築することができない。

A⟨14⟩ ◯ 市街化区域とは既に市街地を形成している区域、およびおおむね10年以内に優先的に市街化を図るべき区域で、市街化調整区域とは市街化を抑制すべき区域である。

A⟨15⟩ ◯ これをセットバックという。敷地の反対側が川やがけ地、線路敷などで将来セットバックできない場合は、道路の反対側から4mセットバックすることになる。

A⟨16⟩ ✕
（実）（技）
建蔽率、容積率が異なる地域にまたがっている場合は、面積按分（加重平均）によって、実際の建蔽率、容積率を計算する。　　ひっかけ

A⟨17⟩ ◯ なお、延床面積とは、各階の床面積を合計したものである。

A⟨18⟩ ◯ これを接道義務という。出題率の高い問題である。
頻出
（実）（技）

A⟨19⟩ ✕
頻出
10年以上50年未満が正解。50年以上の場合は、一般定期借地権を利用することができる。

A ✕ 老人ホームや共同住宅を含む住宅系の建物は建てることができる。

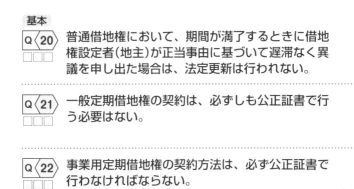

基本

Q⟨20⟩ □□□ 普通借地権において、期間が満了するときに借地権設定者(地主)が正当事由に基づいて遅滞なく異議を申し出た場合は、法定更新は行われない。

Q⟨21⟩ □□□ 一般定期借地権の契約は、必ずしも公正証書で行う必要はない。

Q⟨22⟩ □□□ 事業用定期借地権の契約方法は、必ず公正証書で行わなければならない。

Q⟨23⟩ □□□ 普通借家契約の存続期間は1年以上とされており、1年より短い期間を定めた場合は、1年の契約とみなされる。

Q⟨24⟩ □□□ 普通借家契約は、期間が満了しても賃貸人から正当事由に基づく更新の拒否がなければ法定更新される。

Q⟨25⟩ □□□ 定期借家契約では、存続期間を1年以内とすることはできない。

8 法令上の制限〈4〉区分所有法　　　／2

Q⟨26⟩ □□□ 区分所有建物の共用部分の持ち分は、原則として専有部分の床面積の割合によって決められる。

Q⟨27⟩ □□□ 区分所有建物の専有部分と敷地利用権は、原則として分離処分ができない。

📄 **過去問チェック！** [2019-9(加工)]

Q 借地借家法に規定されている事業用定期借地権等は、もっぱら事業の用に供する建物の所有を目的とし、存続期間を10年以上30年未満として設定する借地権である。

A⟨20⟩ ◯ <u>正当事由</u>(限定された4つの事由が法的に認められている)に基づいて更新に異議を申し出ると、更新は<u>できない</u>。

A⟨21⟩ ◯ 一般定期借地権の契約は、<u>書面</u>あるいは電磁的記録によるものとするとされており、必ずしも公正証書で行う必要は<u>ない</u>。

A⟨22⟩ ◯ 事業用定期借地権の契約は、必ず<u>公正証書</u>によるものとされている。

A⟨23⟩ ✕ 1年より短い期間を定めた場合は、<u>期間の定めのない契約</u>とみなされる。
頻出 ⚫

A⟨24⟩ ◯ 法定更新<u>される</u>。なお、借地の場合と異なり、正当事由の内容には法的な定めがない。

A⟨25⟩ ✕ 定期借家契約の存続期間は自由であり、<u>1年以内</u>の期間も可能である。

A⟨26⟩ ◯ 専有部分とは<u>独立</u>した区分所有権の対象部分である。共用部分とは専有部分以外で、玄関や階段・エレベーターなど<u>区分所有者全員</u>で所有している部分などである。
頻出 ⚫

A⟨27⟩ ◯ <u>管理規約</u>で定めている場合は分離処分できるが、原則として<u>できない</u>こととなっている。

A ✕ 事業用借地権の存続期間は、10年以上50年未満とされている。

9 不動産を取得したときの税金

Q⟨28⟩ 相続によって不動産を取得した者には、原則として不動産取得税は課税されない。

Q⟨29⟩ 不動産取得税は、不動産を無償で取得した者には課税されない。

Q⟨30⟩ 抵当権設定登記の登録免許税の課税標準額は、固定資産税評価額である。

Q⟨31⟩ 住宅の賃料(一時的貸付を除く)には、消費税は課税されない。

Q⟨32⟩ 土地と建物を同時に売買する場合は、土地代にも消費税が課税される。

10 不動産を保有するときの税金

Q⟨33⟩ 固定資産税は、住宅用地の場合、住宅1戸について200㎡までの部分の評価額が3分の1に減額される。

Q⟨34⟩ 都市計画税は、住宅用地の特例とともに一定の住宅についても減税措置がある。

11 不動産を譲渡したときの税金 ⎛5⎞

Q⟨35⟩ 不動産の譲渡所得金額の計算上、取得費が不明な場合は、収入金額の10%として計算する。

📄 **過去問チェック!** [2021-9]

Q 「住宅用地に対する固定資産税の課税標準の特例」は、自己の居住用家屋の敷地である宅地にのみ適用されるため、賃貸アパートの敷地である宅地については適用されない。

A〈28〉 ○ <u>相続</u>や会社の分割による不動産の取得には、不動産取得税は課税されない。

A〈29〉 ✕ 不動産取得税は、<u>有償無償・登記の有無にかかわらず課税される</u>。

A〈30〉 ✕ 抵当権設定登記の課税標準額は、<u>債権額</u>（借入額）である。

（ひっかけ）

A〈31〉 ○ アパートや貸家など<u>通常の家賃</u>には、消費税は課税<u>されない</u>。

A〈32〉 ✕ どのような形態の売買でも、土地代金には消費税は課税<u>されない</u>。

A〈33〉 ✕ 住宅1戸について200㎡までの部分が<u>6分の1</u>に減額される。

頻出

A〈34〉 ✕ 都市計画税には、住宅に関する減税措置は<u>ない</u>。

A〈35〉 ✕ 収入金額の<u>5%</u>として計算する。これを<u>概算取得費</u>という。

A ✕ 賃貸アパートなどの居住用の家屋にも適用される。

Q36 短期譲渡所得と長期譲渡所得の区分は、不動産譲渡した年の1月1日現在で所有期間が10年を超えているかどうかで判断する。

Q37 「居住用財産の3,000万円の特別控除」は、譲渡した相手が生計を一にしている実弟である場合、利用できない。

Q38 居住用財産を譲渡した場合の長期譲渡所得の課税の特例(軽減税率の特例)は、譲渡した居住用財産の所有期間が、譲渡した日の属する年の1月1日において10年を超えていなければ適用を受けることができない。

Q39 「居住用財産の譲渡損失の損益通算および繰越控除」では、譲渡損失を譲渡した年とその後2年間の計3年間にわたって他の所得と損益通算できる。

12 不動産賃貸に関する税金 /2

Q40 不動産所得の計算上、敷金や保証金で将来返還する予定がある金銭でも、いったんは収入として計上しなければならない。

Q41 不動産所得の計算上、建物や設備の減価償却費と借入金の利息部分は、必要経費として計上できる。

13 不動産投資分析と証券化 /1

Q42 不動産投資分析において、IRR法(内部収益率法)とは将来得られるであろう純収益の現在価値の総和が、投資額と等しくなる場合の割引率を求める方法である。

過去問チェック! [2022-5]

Q 「居住用財産を譲渡した場合の3,000万円の特別控除」の適用が受けられるのは、譲渡した日の属する年の1月1日において、所有期間が5年を超える居住用財産を譲渡した場合に限られる。

A⟨36⟩ ✗ 所有期間が<u>5</u>年以上かどうかで判断する。

A⟨37⟩ ○ 譲渡した先が<u>配偶者</u>・<u>直系血族</u>・<u>同族会社</u>、<u>生計を一</u>にする親族など特別な関係者である場合は利用できない。

A⟨38⟩ ○ 長期譲渡と短期譲渡の区分と異なり、<u>10年を超え</u>ていなければ適用されない。

ひっかけ

A⟨39⟩ ✗ <u>譲渡した年とその後3年間の計4年間</u>にわたって他の所得と損益通算できる。 ひっかけ

A⟨40⟩ ✗ 将来返還する予定の金銭は<u>預り金</u>として計上し、受け取る部分が発生した場合は、その時点で収入とする。

A⟨41⟩ ○ 借入金の利息部分と実際の支出をともなわない<u>減価償却費</u>は、必要経費として<u>認められる</u>。

A⟨42⟩ 頻出 ○ 投資額と等しくなる割引率を算出し、実際の投資がそれより高い割引率になれば投資<u>有利</u>とし、低くなれば投資<u>不利</u>と判断する。

A ✗ 3,000万円の特別控除については、所有期間を問わず居住用財産であれば適用される。

1 不動産の価格

/3

Q 01 公示価格は、都道府県が発表する。

Q 02 相続税評価額は、毎年1月1日現在の土地の価格を国税庁が発表し、相続税や贈与税の課税標準としている。

Q 03 不動産鑑定評価における原価法は、比準価格を求めるものである。

2 不動産の取引

/3

Q 04 借地権とは、他人の土地を借り受けて使用・収益する権利で、必ずしも建物を建てる必要はない。

Q 05 民法において、不動産売買契約で手付金が交付された場合、相手方が契約の履行に着手するまでなら、買主は手付金を放棄して契約を解除することができる。

Q 06 不動産の売買契約において、売買契約の締結後に契約の履行が不能となった場合、売主に帰責事由がなければ、買主から契約を解除することはできない。

📄 **過去問チェック!** [2020-9(加工)]

Q 相続税路線価は、地価公示の公示価格の80%を価格水準の目安として設定されている。

勉強のコツ❷（実技編）

計算問題として、建蔽率や容積率を求める問題も出題されますので、計算式は覚えるようにしましょう。

A〈01〉 ✕ 公示価格は、毎年1月1日の価格を3月頃、<u>国土交通省</u>土地鑑定委員会が発表する。

. . . .

A〈02〉 ◯ 相続税評価額は<u>路線価</u>ともいい、相続税や贈与税の課税標準と<u>なる</u>。

. . . .

＜ひっかけ＞　　　　　　　　　　　　　　　　　　　＜ひっかけ＞

A〈03〉 ✕ 原価法は<u>積算価格</u>を求める方法である。<u>比準価格</u>を求めるのは取引事例比較法である。

A〈04〉 ✕ 借地権は、<u>建物所有を目的として</u>他人の土地を使用・収益する権利である。

. . . .

A〈05〉 ◯ <u>相手方</u>が契約の履行に着手するまでなら、<u>買主</u>は手
頻出ー☞ 付金を放棄して、<u>売主</u>なら手付金の倍額を現実に提供して解約することができる。

. . . .

A〈06〉 ✕ 契約の履行が不能となった場合は、売主に帰責事由がなくても、<u>買主</u>から契約を解除することが<u>できる</u>。

A ◯ 地価公示の公示価格に対して、固定資産税評価額は70%、相続税路線価は80%を目安として設定される。

3 不動産の登記 /6

Q 07
□□□
不動産登記には公信力があるとされている。

Q 08
□□□
不動産の売買契約を締結した当事者は、当該契約締結後1カ月以内に、所有権移転の登記をすることが義務付けられている。

Q 09
□□□
不動産登記簿の権利部甲区には、差押えや買戻特約などその不動産の所有権に関する事項が記載されている。

Q 10
□□□
不動産登記が完了すると、登記名義人には登記識別情報が渡される。

Q 11
□□□
法務局に保管されている公図には、都市計画法上の制限や計画道路が記載されている。

Q 12
□□□
公図には土地の寸法が正確に記載されている。

4 宅地建物取引業法 /2

Q 13
□□□
宅地や建物を自ら貸借することを業とする者は、宅地建物取引業の免許が必要である。

Q 14
□□□
宅地建物取引士は、不動産の売買契約が成立したあとには、対象不動産に関する重要事項説明書を説明しなければならない。

 過去問チェック! [2023-5]

Q 不動産登記には公信力が認められていないため、登記記録上の権利者が真実の権利者と異なっている場合に、登記記録を信じて不動産を購入した者は、原則として、その不動産に対する権利の取得について法的に保護されない。

A 07 ✕ 不動産登記には<u>公信力がない</u>ので、登記内容を信じて取引し損害を被ったとしても権利は守られない。

A 08 ✕ 登記は表示登記以外義務とされて<u>いない</u>。しかし登記をしなければ第三者に対抗することができないので、通常買主が売主に代金を<u>全額</u>支払ったとき、<u>所有権移転登記</u>の申請を行っている。

A 09 ○
頻出 🖉
権利部甲区には<u>所有権に関する事項</u>が記載されており、乙区には<u>所有権以外の権利に関する事項</u>が記載されている。

A 10 ○ 以前は「権利証」が渡されていたが、現在は登記所が電子化されたため、<u>登記識別情報</u>が渡される。

A 11 ✕ 公図は土地の位置関係を示している。都市計画の内容は<u>都市計画図</u>に記載されている。

A 12 ✕ 公図の寸法の精度は<u>低い</u>。

A 13 ✕
ひっかけ
免許が必要なのは、①自ら<u>売買</u>、<u>交換</u>する者、②売買・交換・貸借の<u>代理</u>をする者、③売買、交換、貸借の媒介をする者で、自ら貸借する者は含まない。

A 14 ✕ 宅地建物取引士は、売買契約の<u>成立前</u>までに重要事項説明書を説明し、記名しなければならない。ただし、相手方が宅建業者の場合、説明を省略することができる。

A ○ 登記記録上の権利者と真実の権利者が異なっていたとしても、登記記録に公信力はないため、法的に保護されない。

第5章　不動産　一問一答（重要）

235

5 法令上の制限〈1〉都市計画法

Q 15
□□□
市街化区域とは、既に市街地を形成している区域、およびおおむね5年以内に優先的かつ計画的に市街化を図るべき区域をいう。

Q 16
□□□
市街化調整区域内において、一定規模以上の開発行為を行おうとする者は、原則として都道府県知事の許可が必要となる。

6 法令上の制限〈2〉建築基準法

Q 17
□□□
建築基準法第42条第2項により道路境界線とみなされる線と道路との間の敷地部分（セットバック部分）は、建築物を建築することができないが、建蔽率および容積率を算定する際の敷地面積に算入することができる。

Q 18
□□□
建築物の敷地が準防火地域内にある場合で、準耐火建築物を建築する場合、10%の建蔽率の緩和を受けることができる。

Q 19
□□□
建築物の敷地が防火地域、準防火地域、無指定地域にまたがっている場合は、敷地の過半を占める地域の制限を敷地全体に採用する。

7 法令上の制限〈3〉借地借家法

Q 20
□□□
普通借地権の存続期間は、当初期間満了後1回目の更新では20年、それ以降は10年刻みとされている。

過去問チェック! ［2020-9（加工）］

Q
幅員6mの市道に12m接する200㎡の敷地に、建築面積が120㎡、延べ面積が180㎡の2階建ての住宅を建築する場合、この住宅の容積率は、90%となる。

A 15 ✕ 「5年以内」ではなく「10年以内」である。

▶頻出 ⌖

A 16 ✕ 市街化調整区域内においては、規模にかかわらず<u>都道府県知事</u>の許可が必要である。

A 17 ✕ セットバック部分は敷地と<u>みなされない</u>ので、建蔽率および容積率の算定の際の敷地面積に算入することは<u>できない</u>。

実技

A 18 ◯ 準防火地域内で<u>耐火</u>建築物または<u>準耐火</u>建築物を建築する場合は、10％の建蔽率の緩和を受けることができる。

A 19 ✕ 複数の地域にまたがっている場合は、より制限が<u>厳しい方</u>を敷地全体に採用する。

A 20 ◯ 1回目の更新は<u>20年</u>、2回目は<u>10年</u>での更新となり、以降10年刻みとなる。

A ◯ 容積率は、延べ床面積180㎡の敷地面積200㎡に対する割合なので90％となる。

重要

Q 21 普通借地権において、存続期間が30年間より短い契約をしたときは、期間の定めのない契約とみなされる。

Q 22 事業用定期借地権は、賃貸マンション事業にも利用することができる。

---

8 法令上の制限〈4〉区分所有法 　　/1

Q 23 区分所有法の規定によれば、集会において区分所有者および議決権の各4分の3以上の多数で、建物を取り壊しかつ新たな建物を建築する旨の建て替え決議をすることができる。

---

9 不動産を取得したときの税金 　　/5

Q 24 住宅の取得において、不動産取得税の軽減措置を受けることができる住宅の床面積は、50㎡（一戸建以外の貸家住宅は40㎡）以上240㎡以下である。

Q 25 不動産取得税は、一定の一般住宅であれば課税標準額から最大1,200万円を控除することができる。

Q 26 登録免許税は、一定の自己の居住用住宅を取得後6カ月以内に登記すれば、特例措置が利用できる。

Q 27 1982年1月1日以降に新築された住宅は、他の要件を満たしていれば、すべて登録免許税の軽減措置を受けることができる。

過去問チェック！ [2023-9]

Q 借地借家法によれば、定期建物賃貸借契約（定期借家契約）では、貸主に正当の事由があると認められる場合でなければ、貸主は、借主からの契約の更新の請求を拒むことができないとされている。

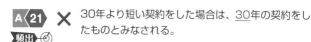

A 21 ✕ 30年より短い契約をした場合は、30年の契約をしたものとみなされる。
頻出

A 22 ✕ 貸家や賃貸マンション事業など居住用の事業は事業用定期借地権に利用できない。
（ひっかけ）

A 23 ✕ 区分所有者数および議決権の5分の4以上の賛成が必要である。

A 24 ◯ なお、減税措置を受けるためには、床面積の要件のほかに建築後年数などの要件を満たしていることが必要である。

A 25 ◯ 一定の一般住宅であれば最大1,200万円、長期優良住宅であれば1,300万円を控除することができる。

A 26 ✕ 取得後1年以内の登記であれば、特例措置が利用できる。

A 27 ◯ 登記簿等で1982年1月1日以降の新築が確認できる住宅は、一律、軽減措置の対象となる。

A ✕ 定期建物賃貸借契約では、定められた期限が到来した場合、契約は終了となり、借主はいかなる理由があったとしても契約の更新はできない。

Q 28 売買契約書に印紙を貼付し消印して納める印紙税は、印紙を貼付しなかった場合、その契約書は無効となる。

10 不動産を保有するときの税金 　　/2

Q 29 固定資産税の納税義務者は、3年ごとの基準年の前年の1月1日現在で固定資産課税台帳に記載されている土地家屋の所有者である。

Q 30 都市計画税は、原則として、毎年1月1日現在における市街化区域内の土地家屋の所有者に課税される。

11 不動産を譲渡したときの税金 　　/6

Q 31 1月1日時点で所有期間10年超の居住用財産を譲渡した場合、課税譲渡所得金額のうち6,000万円を超える部分は、所得税10.21%、住民税4％の税率が適用される。ただし、3,000万円の特別控除は考慮しない。

Q 32 被相続人の居住用財産に係る譲渡所得の特別控除において、相続人が3人以上いる場合、控除できる額は1人当たり2,000万円である。

Q 33 「居住用財産の軽減税率の特例」を利用した場合、課税長期譲渡所得6,000万円までの所得税率は15.315%となる。

過去問チェック！ [2023-5]

Q 個人が相続により取得した被相続人の居住用家屋およびその敷地を譲渡し、「被相続人の居住用財産（空き家）に係る譲渡所得の特別控除の特例」の適用を受けるためには、譲渡資産の譲渡対価の額が6,000万円以下であることなどの要件を満たす必要がある。

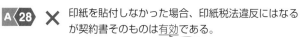

A 28 ✕ 印紙を貼付しなかった場合、印紙税法違反にはなるが契約書そのものは<u>有効</u>である。

（ひっかけ）

A 29 ✕ 納税義務者は、<u>毎年1月1日現在</u>の固定資産課税台帳に記載された土地建物の所有者である。

A 30 ◯ 原則として、毎年1月1日現在の<u>市街化区域内</u>の土地家屋の所有者に課税される土地区画整理事業等のための目的税である。

A 31 ✕ 6,000万円までは所得税10.21％、住民税4％、6,000万円を超える部分は所得税<u>15.315％</u>、住民税<u>5％</u>となる。

A 32 ◯ 3人未満の場合は1人当たり<u>3,000万円</u>のところ、3人以上の場合は<u>2,000万円</u>となる。

A 33 ✕ 6,000万円までの課税長期譲渡所得にかかる所得税率は<u>10.21</u>％、それを超える部分が<u>15.315</u>％となる。

A ✕ 譲渡価額は1億円以下とされている。

Q‹34› □□□ 「居住用財産の3,000万円の特別控除」を利用するには、居住用財産の所有期間が、譲渡した年の1月1日現在で10年を超えていなければならない。

Q‹35› □□□ 「相続人の居住用財産に係る譲渡所得の特別控除」を受ける場合、譲渡のときまでに家屋を解体するか、耐震基準に適合するように改修工事をしなければならない。

Q‹36› □□□ 「居住用財産の譲渡損失の損益通算および繰越控除」を利用するには、居住用財産の所有期間が譲渡した年の1月1日現在で5年を超えていなければならない。

12 不動産賃貸に関する税金　　／2

Q‹37› □□□ 不動産所得の計算上、借入金の元金返済部分と利息部分はともに必要経費とすることができる。

Q‹38› □□□ 不動産所得の計算上生じた赤字は、その年の他の所得の黒字と損益通算することができる。

13 不動産投資分析と証券化　　／2

Q‹39› □□□ 不動産投資において、対象不動産の利回りより高い金利の借入金を利用することで、自己資金に対する投資利回りを上げることができる。

Q‹40› □□□ 不動産投資分析におけるDCF法には、NPV法（正味現在価値法）とIRR法（内部収益率法）がある。

過去問チェック! ［2020-1（加工）］

Q 投資総額8,000万円で購入した賃貸用不動産の年間収入の合計額が500万円、年間費用の合計額が120万円である場合、この投資の純利回り（NOI利回り）は、4.75%である。

A **34** ✕ 「居住用財産の3,000万円の特別控除」の利用には所有期間の制限は<u>ない</u>。

A **35** ✕ 譲渡の年の<u>翌年</u>の<u>2月15日</u>までに、家屋を解体するか耐震基準に適合するように改修工事をすることが条件となる。

A **36** ◯ 「居住用財産の譲渡損失の損益通算および繰越控除」を利用するためには、所有期間が譲渡した年の1月1日現在で<u>5年</u>を超えている長期譲渡でなければならない。

A **37** ✕ 借入金のうち経費として計上できるのは、<u>利息部分</u>のみである。

A **38** ◯ 不動産所得の赤字は、給与所得などの他の所得と<u>損益通算</u>することができる。

A **39** ✕ 利回りより<u>低い金利</u>の借入金を利用すれば、自己資金に対する投資利回りが上がることを<u>レバレッジ効果</u>という。
頻出

A **40** ◯ DCF法には、<u>NPV法</u>と<u>IRR法</u>の2つがある。

 ◯ 純利回り（NOI）は純利益（500万円－120万円）の総投資額8,000万円に対する割合なので、380万円÷8,000万円×100で4.75%となる。

第6章

相続・事業承継

要/点/整/理/

1 相続の法律知識

2 相続税に関する知識

3 贈与と贈与税に関する知識

4 財産評価に関する知識

5 相続対策

一問一答Q&A(基本)

一問一答Q&A(重要)

FP技能検定3級　出題傾向と対策

　相続・事業承継では、贈与と相続がテーマになりますが、それぞれ法律と税金について出題されます。「贈与と法律」「贈与と税金」については、贈与税の基本的なしくみの他、さまざまな特例制度も押さえましょう。「相続と法律」は、法定相続人と法定相続分、遺言についての問題、「相続と税金」については、相続税の計算の流れを理解しておきましょう。

　実技については、親族関係図から法定相続人や法定相続分を確認する問題が多く出ます。相続放棄、代襲相続など、さまざまなケースでも答えられるようにしておきましょう。

●これまでの出題傾向

	2024年1月			2023年9月			2023年5月			2023年1月			2022年9月		
	学科	実技		学科	実技		学科	実技		学科	実技		学科	実技	
		金	協会		金	協会		金	協会		金	協会		金	協会
1 贈与と法律	❶						❶			❶			❶		
2 贈与と税金	❷	❶		❸	❶		❶		❶	❷			❸		❶
3 相続と法律	❷	❷	❶	❷	❷	❶	❹	❶	❷	❸	❶		❷	❶	❷
4 相続と税金	❸				❸	❷	❶	❸	❷	❷	❷	❷	❷	❸	❷
5 相続財産の評価（不動産以外）	❶	❶								❶					
6 相続財産の評価（不動産）	❶			❷			❶			❷					
7 不動産の相続対策															
8 相続と保険の活用															
9 相続・事業承継の最新の動向															

（金：金財（個人資産相談業務）／協会：FP協会の出題数を表す）

第6章 相続・事業承継

1 相続の法律知識 重要度A

相続とは、死亡した人(被相続人)の財産を遺族など(相続人)が引き継ぐことをいいます。

1 法定相続人

① 相続の範囲と順位

民法による相続人(法定相続人)の範囲と順位は、次のとおりです。

常に相続人	配偶者(法律上の婚姻関係にある者に限る)
第1順位	子(養子も含む)
第2順位	子がいない場合は、直系尊属(父母や祖父母など)
第3順位	子も直系尊属もいない場合は、兄弟姉妹

上位の者がいる場合、下位の者は相続人になれません。

養子は、養親と実の親の両方の相続人になることができます。ただし、特別養子制度で養子縁組した場合(対象年齢は原則15歳未満)は、実親およびその親族の相続権はなくなります。

② 相続人になれない者

以下の事由に該当する者は相続人になることができません。

欠格	相続人が故意に被相続人や他の相続人を殺害したり、詐欺や強迫によって遺言を書かせたりした場合などで、当然に相続権を失うこと
廃除	相続人が被相続人を虐待したり、重大な侮辱を加えたりした場合などに、被相続人が家庭裁判所に申し立てることによってその相続権を喪失させること
相続放棄	相続を放棄した者

③承認と放棄

相続人は、相続の開始があったことを知った日から**3カ月以内**に、単純承認、限定承認、相続放棄のいずれかを選択しなければなりません。

	単純承認	限定承認	相続放棄
財産の引継ぎ	被相続人の一切の権利義務を引き継ぐ	プラスの財産の範囲内で債務を負担	財産・債務は一切引き継がない
手続き	不 要	相続の開始を知った日から**3カ月以内**に家庭裁判所に申述	
申述者	－	〔共同相続人全員〕	単独で選択可能
注意点	限定承認、相続放棄の手続きをしなければ単純承認とみなされる	相続人が複数いる場合には全員が共同で申述しなければならない	・はじめから相続人でなかったものとみなす ・生命保険金等の非課税枠は適用できない

> 相続の放棄や限定承認は、一度申述手続きをすると、撤回することはできません。

④代襲相続

相続が開始したとき、相続人が既に**死亡**しているなどによりその相続権がその者の**子や孫**などに移ることを、代襲相続といいます。子(直系卑属)については、再代襲・再々代襲がありますが、**兄弟姉妹の代襲相続はその子まで**しか認められていません。**相続放棄**をした場合は、代襲相続は発生しません。

2 相続分

相続人が複数いる場合に、それぞれの相続人が財産を相続する割合を相続分といい、法定相続分と指定相続分があります。

法定相続分	民法で定められた相続分
指定相続分	被相続人が遺言で定めた相続分、法定相続分に優先

①法定相続分 頻出

法定相続分は、次のように定められています。

順位	相続人	相続分	配偶者がいない場合
	配偶者のみ	すべて配偶者	—
1	配偶者と子	配偶者1/2、子1/2	すべて子
2	配偶者と直系尊属	子がいない場合 配偶者2/3、直系尊属1/3	すべて直系尊属
3	配偶者と兄弟姉妹	子も直系尊属もいない場合 配偶者3/4、兄弟姉妹1/4	すべて兄弟姉妹

＊ 同順位の相続人が複数いる場合は、均等に按分する

②非嫡出子がいる場合

正式な婚姻関係にある男女間に生まれた子を嫡出子といい、正式な婚姻関係のない男女間に生まれた子のことを非嫡出子といいます。非嫡出子は嫡出子と同順位の相続人となりますが、被相続人が男性（父親）の場合、非嫡出子は父親の認知がなければ相続人となりません。

なお、「非嫡出子の相続分は嫡出子の相続分の2分の1とする」と規定されていた民法900条4号ただし書前半部分が、2013年12月5日に成立した民法の一部を改正する法律によって削除されて平等な扱いとなりました。

嫡出子と非嫡出子は相続の順位も相続分も同じです。

③半血兄弟姉妹がいる場合

被相続人と父母のどちらか一方が同じ兄弟姉妹（半血兄弟姉妹）の相続分は、父母を同じくする兄弟姉妹（全血兄弟姉妹）の2分の1となります。

④代襲相続人の相続分

代襲相続人の相続分は、代襲された者が受けるべきであった相続分となります。代襲相続人が複数いる場合は均等に按分します。

③遺留分

　民法では、一定の相続人のために最低限相続することができる割合を定めており、これを遺留分といいます。

原　則	全相続財産の1/2
相続人が直系尊属のみの場合	全相続財産の1/3
兄弟姉妹	〔なし〕

　侵害された遺留分は、**遺留分侵害額の請求**をすることで、金銭の支払により取り戻すことができます。

④遺　言

①遺言とは

　遺言とは、死亡した人（遺言者）が生きている間に示す最終の意思表示のことで、**満15歳以上**で意思能力があれば、誰でも作成することができます。

②遺言の種類

	自筆証書遺言	公正証書遺言	秘密証書遺言
作成方法	遺言者が遺言の全文、日付、氏名等を自書し、押印する	遺言者が口述し、公証人が筆記する	遺言者が作成した遺言に署名押印して封印し、公証役場で申述する
書式	自筆（パソコン等不可。ただし、財産目録を除く）	公証人の筆記	パソコン等や代筆も可
証人など	不　要	証人2人以上必要	証人2人以上と公証人が必要
検認	〔必　要〕※	〔不　要〕	〔必　要〕

※ 法務局での保管制度を利用した場合は不要

第6章　相続・事業承継　要点整理

③遺言の撤回

　遺言はいつでも、遺言の方式によって**全部**または**一部**を撤回することができます。撤回の方法は、民法で次の5つが定められています。

①時間的に、あとで遺言を作成した場合
②前の遺言と異なる遺言をした場合
③遺言者が、遺言と異なる行為を生前に行った場合
④遺言者が、故意に遺言書を破棄した場合
⑤遺言者が、遺言の目的となっているものを故意に破棄した場合

5 遺産分割

　遺産分割とは、相続人が複数いる場合に被相続人の財産を分けることをいいます。

①遺産分割の種類

指定分割	被相続人が遺言によって定める分割方法。他の分割方法に**優先**する
協議分割	共同相続人全員の**合意**に基づく分割方法。共同相続人全員の**合意**があれば、遺言内容や法定相続分と異なる分割をすることも可能
調停分割	分割協議が調わない場合に、**家庭裁判所**の調停により分割する方法
審判分割	調停が成立しない場合などに、家庭裁判所の審判により分割する方法。原則、**法定相続分**が基準となる

②遺産分割の具体的な３つの方法

現物分割	相続財産を現物のまま分割する方法
換価分割	相続財産の一部または全部を**金銭**に換え、その金銭を分割する方法
代償分割	特定の相続人が相続財産を取得し、その代償として**自己の財産**を他の相続人に提供する方法

2 相続税に関する知識　重要度**A**

1 相続税の計算

①相続税の課税財産

本来の相続財産	被相続人が死亡時に所有していた金銭に換算できるすべての財産
みなし相続財産	・被相続人が死亡時に所有していた財産ではないが、被相続人の死亡を原因として相続人が取得する財産で、実質的に相続財産と同じ効果があるもの ・**生命保険金や死亡退職金、契約者が保険料負担者ではない生命保険契約に関する権利など**
相続開始前 3〜7年 以内に 被相続人 から贈与を 受けた財産	・相続や遺贈により財産を取得した者が、相続開始前一定期間（2024年以後の贈与は7年、2023年以前の贈与は3年）以内に被相続人から贈与を受けていた場合、その贈与財産は相続財産に加算される（生前贈与加算）。その贈与について贈与税が課せられていた場合は、相続税額から控除する ・相続財産に加算される価額は、相続時ではなく贈与時の評価額※
相続時精算 課税制度 による 贈与財産	・相続時精算課税制度の適用を受けて贈与された財産は、相続時にすべて相続財産に合算して相続税を計算する（毎年110万円の基礎控除後の財産贈与） ・相続財産に合算される価額は、原則として相続時ではなく贈与時の評価額

※ 相続開始前3年超7年以内に受けた贈与については、合計100万円を控除した残額を相続税の課税価格に加算

②相続税の非課税財産

・死亡保険金のうち一定金額＝**500万円×法定相続人の数**
　ただし、相続税の課税対象となる契約に限ります。
・死亡退職金のうち一定金額＝**500万円×法定相続人の数**
・弔慰金のうち一定金額

業務上の死亡	死亡時の普通給与×3年分（36カ月分）
業務外の死亡	死亡時の普通給与×6カ月分

251

・その他の非課税財産

　　墓地や墓石、霊びょう、仏壇、仏具など

③債務控除

　被相続人の債務などは、相続財産から債務控除できます。

	控除対象	控除対象外
債　務	借入金、未払いの医療費、未払いの所得税・住民税・固定資産税など	墓地・墓石・仏壇購入の未払金、遺言執行費用、弁護士・税理士費用、保証債務
葬式費用	通夜、埋葬火葬費用、死体捜索費用など	香典返戻費用、法要費用、遺体解剖費用

④遺産にかかる基礎控除

　相続財産の課税価格の合計額から、基礎控除額を控除することができます。

> 基礎控除額＝3,000万円＋600万円×法定相続人の数

⑤法定相続人の数について

　相続税額を計算する際の相続税法上の法定相続人の数は、相続の放棄があった場合でも、放棄がなかったとした場合の人数とし、養子が含まれる場合は、以下のように制限されます。

被相続人に実子がいる	養子のうち1人まで
被相続人に実子がいない	養子のうち2人まで

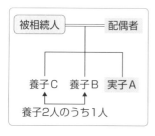

この場合、相続税法上の「法定相続人の数」は、配偶者・実子A・養子1人の3人となります。

⑥各人の算出税額の計算

相続税の計算は、次の流れで行います。 頻出

〈例〉
- 被相続人の財産：1億4,000万円（債務等：2,000万円）
- 相続人　：配偶者、子A、子Bの3人
- 相続財産：配偶者8,000万円、子A 1,000万円、子B 3,000万円

①課税価格の合計額の計算
　1億4,000万円－2,000万円＝1億2,000万円
②課税遺産総額の計算
　1億2,000万円－基礎控除4,800万円＝7,200万円
③法定相続分をもとに相続税の総額を計算
　・法定相続分をもとに分割し速算表を用いて税額を計算する
　配偶者分：7,200万円×1/2＝3,600万円
　　　　　　3,600万円×20%－200万円＝520万円
　子A分　：7,200万円×1/4＝1,800万円
　　　　　　1,800万円×15%－50万円＝220万円
　子B分　：7,200万円×1/4＝1,800万円
　　　　　　1,800万円×15%－50万円＝220万円
相続税の総額＝960万円
④取得した割合に応じて税額を按分
　配偶者：960万円×8,000万円/1億2,000万円
　　　　　＝640万円
　配偶者の税額軽減により、実際の納税額はゼロ
　子A　：960万円×1,000万円/1億2,000万円
　　　　　＝80万円
　子B　：960万円×3,000万円/1億2,000万円
　　　　　＝240万円

次ページの速算表のとおり、法定相続分に応じた取得金額によって、税率が異なります。

〈相続税の速算表〉

法定相続分に応ずる取得金額		税率	控除額
	1,000万円以下	10%	―
1,000万円超	3,000万円以下	15%	50万円
3,000万円超	5,000万円以下	20%	200万円
5,000万円超	10,000万円以下	30%	700万円
10,000万円超	20,000万円以下	40%	1,700万円
20,000万円超	30,000万円以下	45%	2,700万円
30,000万円超	60,000万円以下	50%	4,200万円
60,000万円超		55%	7,200万円

⑦各人の納付税額の計算

⑴相続税額の2割加算

　財産を取得した者が、以下のような配偶者および被相続人の一親等の血族以外の者の場合、相続税額に2割が加算されます。

> 兄弟姉妹・祖父母・相続人以外の者・代襲相続人以外の孫

⑵贈与税額控除

　生前贈与加算された贈与財産の価額に対応する贈与税を相続税額から控除することができます。

⑶配偶者の税額軽減

　配偶者が取得した財産は、**法定相続分**までか、法定相続分を超えていても**1億6,000万円**までであれば、相続税がかかりません。

　なお、税額軽減の適用を受けるには、申告期限までに遺産分割を確定した財産に限られ、相続税の申告書を提出することが必要です。

⑷未成年者控除と障害者控除

　相続人が未成年者の場合「(18歳[※]－相続開始の年齢)×10万円」を、障害者の場合は「(85歳－相続開始の年齢)×10万円(特別障害者は20万円)」を算出税額から差し引くことができます。相続開始の年齢は、1年未満の端数は切り捨てとします。
※ 2022年4月以後に開始した相続の場合

②相続税の申告と納付

①相続税の申告

相続税は、**申告納税方式**です。相続財産が基礎控除額以下である場合は**申告不要**ですが、配偶者の税額軽減の特例や小規模宅地等の評価減の特例等の適用を受ける場合は、**納付する相続税額がゼロ**であっても申告書を提出しなければなりません。

②**相続税の納付**

納付すべき相続税がある場合、相続の開始があったことを**知った日の翌日から10カ月以内**に、原則として**金銭で一括納付**します。

⑴延　納

相続税を期限内に金銭一括納付することが困難な場合に、相続税の一部または全部を分割納付する方法を延納といいます。この場合、**担保を提供**することが必要で、延納期間に応じた利子税が課せられます(延納税額が**100万円**以下、かつ延納期間が**3年**以下の場合、担保は不要)。

延納の途中で**金銭**による一括納付ができます。また、一定の要件を満たすと、**物納**に切り替えることもできます。

⑵物　納

延納によっても金銭納付が困難な場合に、相続財産そのもので相続税を納付することです。物納に充てることが認められている財産と順位は以下のとおりです。

第1順位	国債、地方債、不動産、船舶、上場株式等
第2順位	非上場の株式等
第3順位	動産

物納財産の価額は、原則として**相続税評価額**となります。延納、物納ともに、申告期限までに申請書を提出し、**税務署長の許可**を得ることが必要です。

相続税の納付は、原則として**金銭で一括納付**、それが困難な場合は**延納**、それも困難な場合に**物納**となります。

①贈与とは

　贈与とは、双方の合意のもと、当事者の一方がある財産を相手方に無償で与える契約のことです。財産を与える者（贈与を行う者）を贈与者、財産を受ける者（贈与を受ける者）を受贈者といいます。なお、贈与契約は、当事者間の合意（意思表示の合致）によって成立します。

②贈与税の基礎知識

①贈与税と納税義務者

　贈与税とは、贈与によって財産を取得した者に国が課す税金で、納税義務者は、贈与によって財産を取得した個人です。なお贈与者の死亡を条件とする死因贈与は、相続税の課税対象となります。

②贈与税の課税財産

⑴本来の贈与財産

　贈与によって取得した、金銭に換算できるすべての財産のことです。

⑵みなし贈与財産

　みなし贈与財産とは、民法上の贈与契約により取得した財産ではないものの、実質的に贈与と同じ効果があるものをいいます。

生命保険金等	保険料負担者以外の者が保険金を受け取った場合(保険料負担者≠被保険者の場合)
定期金に関する権利(年金受給権)	保険料負担者以外の者が定期金(個人年金など)を受け取った場合
〔低額譲受〕	時価に比べて著しく低い価額で財産を譲り受けた場合、時価と支払った代金の差額部分
債務免除等	債務者が対価を支払わずに債務を免除してもらった場合や、第三者に債務を弁済してもらった場合

③贈与税の計算

贈与税は、**受贈者ごとに1月1日から12月31日までの1年間**に、贈与により取得した財産の合計額に対して課税されます（暦年課税）。

①贈与税の基礎控除と計算 実技

贈与税は、基礎控除を超えた金額が課税対象となります。

> 贈与税額
> ＝（課税価格－基礎控除額110万円）×税率－速算控除額

④贈与税の特例

①贈与税の配偶者控除 実技

戸籍上の婚姻期間が20年以上ある配偶者から居住用不動産や居住用不動産の取得資金を贈与された場合に、110万円の基礎控除に加えて2,000万円を控除できる制度です。

②住宅取得等資金贈与の非課税の特例

次の要件を満たす場合は、110万円の基礎控除額に加えて一定金額までの贈与財産について、贈与税が非課税となります。

適用期間	2026年12月31日までの贈与	
贈与者	父母、祖父母等（直系尊属）	
受贈者	・贈与を受けた年の1月1日時点で18歳以上であること ・その年の合計所得金額が2,000万円※以下であること	
非課税 金額	一般住宅	500万円
	省エネ等住宅	1,000万円

※ 床面積40㎡以上50㎡未満の場合1,000万円

＊ 住宅取得等資金贈与の非課税の特例は、次の相続時精算課税制度による贈与とも併用が可能

なお、これらの制度を活用する場合、税額がゼロであっても申告書の提出が必要です。

③相続時精算課税制度 実技

　相続時精算課税制度とは、次の要件を満たすとき、一定額までの贈与については贈与時に**贈与税**を納めず、その贈与者が死亡したとき、その贈与財産を相続財産に加えて**相続税**を計算する制度です。

贈与者	60歳以上の父母、祖父母 住宅取得等資金の贈与の場合は、年齢制限なし（2026年12月末まで）
受贈者	18歳以上の子・孫である推定相続人（代襲相続人、養子を含む）または孫
手続き	この制度を選択して最初に贈与を受けた年の翌年2月1日から3月15日までに、住所地の税務署長に相続時精算課税選択届出書を提出
税額計算	累計で2,500万円になるまで非課税。2,500万円を超える部分については、贈与時に一律20%の贈与税を支払う
注意点	・相続時精算課税を選択すると暦年課税に戻れない ・暦年課税の贈与税の基礎控除額110万円は控除できない ・2024年以後の贈与により取得する財産に係る相続税または贈与税について、年110万円の基礎控除を控除できる
その他	相続時には、この制度を利用して贈与した財産を、原則として贈与時の評価額で相続財産に加算する。なお、既に支払った贈与税額があれば、相続税額から控除される

＊ 贈与者、受贈者とも、年齢は贈与の年の**1月1日**時点で判断する

④教育資金の一括贈与に係る贈与税の非課税措置

　2013年4月1日から2026年3月31日までの間に、30歳未満の子や孫に対して**教育資金**を一括贈与した場合、1,500万円（学校等以外の者に支払われる金銭等については500万円が限度）が非課税となります。

⑤結婚・子育て資金の一括贈与に係る贈与税の非課税措置

　2015年4月1日から2025年3月31日までに父母・祖父母から、子・孫（18歳以上50歳未満）に金銭等を金融機関等に信託した場合、1,000万円（結婚費用については300万円が限

度)が非課税となります。

⑤贈与税の申告と納付

受贈者は、贈与を受けた年の**翌年2月1日から3月15日**までに、住所地を管轄する税務署長に贈与税の申告書を提出し、納付します。

贈与税の納税は、**金銭一括納付**が原則ですが、納付すべき贈与税額が**10万円**を超えているなど一定の要件を満たし、かつ**税務署長**の許可を得ることで、延納が認められています。ただし利子税がかかります。なお、物納の制度はありません。

4 財産評価に関する知識   重要度 B

相続税や贈与税を計算する際の財産の価額は、その財産を取得した際の時価が原則ですが、財産評価基本通達によって財産ごとの評価方法が定められています。

①不動産の評価

①土地の評価

土地は、登記簿上の地目とは関係なく、相続開始時点の土地の現況によって評価します。なお、宅地は、登記記録上の1筆ではなく、利用単位である1画地ごとに評価します。

⑴路線価方式

路線価方式とは、市街地の宅地の評価方法で、**国税庁**が毎年**1月1日**を基準日として発表する路線価(1㎡あたり**千円単位**の価額)をもとに、土地の形状などを調整して計算する方式です。

> 一方のみが道路に接している宅地の評価
> 自用地評価額＝**路線価×奥行価格補正率×土地の面積**

〈路線価方式における評価額の計算例(一方のみが道路に接している宅地の場合)〉

奥行価格補正率:1.00

150千円×1.00×200㎡
=30,000千円

〈2つの道路に面している土地の評価〉

　2つの道路に面している土地は、各道路の路線価に奥行価格補正率を乗じた数値が**大きい**ほうの道路を「正面路線」として計算します。

正面と側面に道路がある土地(角地・準角地)の評価の例
{(正面路線価×奥行価格補正率)+(側方路線価×奥行価格補正率×**側方路線影響加算率**)}×土地の面積

奥行価格補正率:両路線とも1.00
側方路線影響加算率(普通住宅地区):0.03

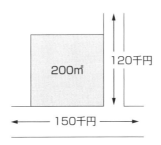

正面路線⇒150千円

正面路線価	奥行価格補正率		側方路線価	奥行価格補正率	側方路線影響加算率	土地の面積

{(150千円×1.00)+(120千円× 1.00 × 0.03)}×200㎡
=30,720千円

⑵倍率方式

路線価が定められていない郊外や農村部にある宅地は、固定資産税評価額に国税局長が定めた倍率を乗じて計算した金額で評価します。

> 評価額＝固定資産税評価額×定められた倍率

②土地の利用状況による評価

〈主な利用形態における評価方法〉 **頻出** 🏃

借地権	借地権者が自分の建物を所有するために土地を借りる権利 　自用地評価額×借地権割合
貸宅地 （底地権）	借地権が設定されている土地（底地） 　自用地評価額×（1－借地権割合）
貸家 建付地	土地所有者が建てた建物を賃貸している場合の土地 　自用地評価額×(1－借地権割合×借家権割合×賃貸割合)

〈私道の評価〉

特定の者のみが通行する私道	自用地評価額×30%
不特定多数の通行に供する私道	評価額ゼロ

③小規模宅地等の課税価格の計算の特例

被相続人の居住用や事業用、または貸付用であった宅地を相続等で取得した場合、要件を満たすと一定範囲の面積について評価額が減額されます。

〈減額対象の面積と減額割合〉 **頻出** 🏃

	利用形態	減額対象限度面積	減額割合
居住用	特定居住用宅地等	330㎡	80%
事業用	特定事業用宅地等	400㎡	80%
	特定同族会社事業用宅地等	400㎡	80%
	貸付事業用宅地等	200㎡	50%

* 特定居住用宅地等と特定事業用宅地等は、別枠で計算することができるため、最大730㎡までが80%減額の対象となる

上記特例を適用するには、申告期限までに遺産の分割を確定します。ただし、未分割でも、期限内に申告書を提出したうえで、申告期限から**3年**以内に分割が完了すると、さかのぼって適用が受けられます。税額がゼロでも**申告は必要**です。

④建物の評価

建物は、課税時点の固定資産税評価額に基づいて評価します。

自用建物 （居住用や事業用の建物）	固定資産税評価額×1.0
貸付用建物 （他人に貸し付けている建物）	固定資産税評価額×（1－借家権割合×賃貸割合）

②その他の資産の評価

①金融資産の評価方法

普通預金など	課税時期の預入残高
定期預金など	課税時期の預入残高＋（既経過利子－源泉徴収税額）
利付債（上場）	課税時期の最終価格＋（既経過利子－源泉徴収税額）
MMFなど	1口あたり基準価額×口数＋（未収分配金－源泉徴収税額）－解約手数料
上場投資信託	上場株式（下記③）と同じ

②生命保険契約と定期金に関する権利の評価

定期金に関する権利（個人年金などのような年金を受け取る権利）と生命保険契約に関する権利（保険事故が発生していない保険契約）の評価は次のとおりです。

定期金に関する権利	給付事由が発生している場合は以下のうちいずれか**多い金額** ・解約返戻金相当額 ・定期金にかえて一時金の給付を受けることができる場合は一時金相当額 ・予定利率等をもとに算出した金額 給付事由が発生していない→解約返戻金相当額
生命保険契約に関する権利	相続開始時の**解約返戻金相当額**

③上場株式の評価

上場株式は、次のうちもっとも**低い**価格で評価します。

・課税時期の**終値**
・課税時期の属する月の毎日の終値の平均額
・課税時期の属する月の**前月**の毎日の終値の平均額
・課税時期の属する月の**前々月**の毎日の終値の平均額

④取引相場のない株式の評価

非上場株式など取引相場のない株式（＝自社株）は、株式の取得者や会社の規模によって評価方法が異なります。

同族株主等が取得した株式	原則的評価方式
同族株主等以外の株主が取得した株式	特例的評価方式

〈評価方式の種類〉

評価方式		評価の方法
原則的評価方式	純資産価額方式	所有資産の相続税評価ベースの純資産価額により評価
	類似業種比準方式	事業内容が類似する上場企業の株価をベースに評価
	併用方式	上記２方式の加重平均により評価
特例的評価方式	配当還元方式	直近２年間の配当実績値により評価

⑤その他

取引相場のあるゴルフ会員権は、通常取引価格の70％で評価します。また、動産などの評価額は、売買実例価額（時価）が原則となります。

5 相続対策

相続対策とは、相続が発生することで、相続人が困ることや相続人同士での争いが起こらないように事前に準備をしておくことをいい、節税対策や遺産分割対策、納税資金対策などが基本となります。

	具体的な方法	効果・目的
生前贈与の活用	・贈与税の基礎控除の活用 ・贈与税の配偶者控除の活用 ・相続時精算課税制度の活用	・節税 ・遺産分割争い防止 ・納税資金の確保
不動産の活用	・不動産の購入や建築 ・建築による借入金（債務控除） ・小規模宅地等の評価減の活用	相続税評価額の引下げ
生命保険の活用	生命保険への加入	・非課税枠の活用 ・納税資金の確保

1 相続の法律知識 　　/16

Q⟨01⟩ □□□ 相続人が相続の放棄をするには、原則として、相続の開始があったことを知ったときから4カ月以内に、家庭裁判所にその旨を申述しなければならない。

Q⟨02⟩ □□□ 相続の限定承認は、単独で行うことができる。

Q⟨03⟩ □□□ 法定相続人が配偶者と兄弟姉妹の場合、法定相続分は、配偶者が3分の2で兄弟姉妹は全員合わせて3分の1となる。

Q⟨04⟩ □□□ 相続が開始したとき、相続人がすでに死亡している場合には、その相続権はその者の子に移る。

Q⟨05⟩ □□□ 相続人が被相続人を殺害したり、詐欺や強迫で遺言を書かせた場合、当然に相続権を失うことを廃除という。

Q⟨06⟩ □□□ 自筆証書遺言とは、遺言者が遺言の全文、氏名等の自書をして印を押すものだが、その本文をパソコン等で作成していても印を押したものであれば有効である。

📄 **過去問チェック！** [2022-9]

Q 協議分割は、共同相続人全員の協議により遺産を分割する方法であり、その分割割合については、必ずしも法定相続分に従う必要はない。

勉強のコツ❶

贈与と相続に関する法律と税金について押さえておきましょう。民法と税法のちがいもポイントです。

A⟨01⟩ ✕ 相続放棄の期限は3カ月である。なお、相続放棄は、放棄をしようとする相続人が<u>単独</u>で行うことができる。

実技

. . . .

A⟨02⟩ ✕ 相続の開始があったことを知ったときから原則として3カ月以内に、<u>共同相続人全員</u>が家庭裁判所に対して申述しなければならない。 （ひっかけ）

. . . .

A⟨03⟩ ✕ 法定相続人が配偶者と兄弟姉妹の場合の法定相続分は、配偶者が全体の<u>4分の3</u>で、兄弟姉妹は全員合わせて相続財産全体の<u>4分の1</u>となる。

. . . .

A⟨04⟩ ◯ 相続人となるべき者が相続開始の際に既に死亡しているなど相続権を喪失している場合、その相続権はその者の<u>子</u>に移転する。これを<u>代襲相続</u>という。<u>直系卑属</u>については、再代襲、再々代襲と無制限に続く。

. . . .

A⟨05⟩ ✕ 設問は<u>欠格</u>の説明。廃除は、相続人が被相続人を<u>虐待</u>したり、重大な侮辱を加えた場合などに被相続人が<u>家庭裁判所</u>に申述して相続権を剥奪すること。

. . . .

A⟨06⟩ ✕ 自筆証書遺言とは、遺言者が遺言の全文、日付および氏名を<u>自書</u>して印を押すもので、パソコン等で作成したものは<u>無効</u>となる。ただし、2019年1月13日以降、<u>財産目録</u>をパソコン等で作成することは認められている。

実技

. . . .

A ◯ 相続人全員が合意すれば、法定相続分に従う必要はない。また、遺言がある場合でも、相続人全員の合意があれば、遺言に反する分割も可能である。

第6章 相続・事業承継 一問一答（基本）

Q⟨07⟩ 限定承認とは、相続人が継承するプラスの財産の
範囲内で、債務などマイナスの財産を負担するこ
とをいう。

Q⟨08⟩ 単純承認をしようとする場合は、相続の開始が
あったことを知ったときから、原則として、3カ
月以内に、共同相続人全員が、家庭裁判所に対し
て、単純承認をする旨を申述しなければならない。

Q⟨09⟩ 正式な婚姻関係のない男女間に生まれた非嫡出子
は、相続人となることはない。

Q⟨10⟩ 12歳に達した者は、原則として遺言をすること
ができる。

Q⟨11⟩ 指定分割とは、被相続人の遺言によって相続の分割
内容を指定する方法であるが、他の遺産分割方法に
比べて優先順位は低い。

Q⟨12⟩ 公正証書遺言とは、本人が公証役場で口述して公
証人がその内容を筆記する方式である。

Q⟨13⟩ 遺留分は、兄弟姉妹以外の法定相続人に認められ
るもので、相続人が誰であっても全相続財産の2
分の1となる。

過去問チェック! [2023-5]

Q 自筆証書遺言書保管制度を利用して、法務局（遺言書保管
所）に保管されている自筆証書遺言については、家庭裁判
所による検認の手続を要しない。

A〈07〉 ○ 限定承認をする場合、相続の開始があったことを知ったときから、原則として、3カ月以内に、共同相続人全員が家庭裁判所に対して、限定承認をする旨を申述しなければならない。

A〈08〉 ✕ 単純承認をしようとする場合は、とくに手続きは不要である。相続の開始があったことを知ったときから3カ月以内に、相続放棄や限定承認の手続きを取らない場合のほか、財産を処分したり、隠したりした場合は、単純承認したものとみなされる。

A〈09〉 ✕ 非嫡出子も嫡出子と同様に相続人となる。なお、被相続人が男性の場合には認知が必要となるが、嫡出子と同順位の相続人となる。

A〈10〉 ✕ 遺言できるのは満15歳以上で意思能力のある者である。　（ひっかけ）

A〈11〉 ✕ 指定分割は、被相続人の遺言によって内容を指定して分割する方法であり、その他の分割方法よりも優先される。

A〈12〉 ○ 公証役場で保管するため、紛失・偽造などの心配がない。
頻出
（実）（技）

A〈13〉 ✕ 遺留分は原則として全相続財産の2分の1であるが、相続人が直系尊属だけの場合は、全相続財産の3分の1となる。

A ○ 自筆証書遺言は原則として検認の手続きが必要であるが、法務局の保管所に保管されている場合は不要である。

Q⟨14⟩
□□□
下記の親族関係図において、被相続人の相続にかかる民法上の相続人および法定相続分としては、妻A 4分の3、母D 4分の1である。

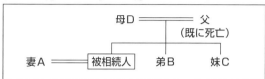

Q⟨15⟩
□□□
遺言には、自筆証書遺言、公正証書遺言、秘密証書遺言の3つがあり、どの遺言方法によっても、証人が必要である。

Q⟨16⟩
□□□
被相続人死亡後の相続人の生活保障等を考慮し、一定範囲内の相続人のために、法律上留保される相続財産の一定割合のことを遺留分という。

2 相続税に関する知識 /11

Q⟨17⟩
□□□
相続または遺贈により財産を取得した者が、相続が開始した年に被相続人から受けた贈与財産については、相続税の課税対象ではなく、贈与税の課税対象となる。

Q⟨18⟩
□□□
被相続人の死亡後3年以内に支給額が確定した退職手当金は、みなし相続財産として相続税の課税対象となる。

Q⟨19⟩
□□□
相続税の支払いにおいて、現金一括納付が困難な場合は、まず延納を検討し、延納においても困難な場合に限り物納が利用できる。

過去問チェック! [2020-1]

Q 自筆証書遺言を作成する場合において、自筆証書に添付する財産目録については、自書によらずにパソコンで作成しても差し支えない。

× 被相続人に子がいないので、第2順位である親が相続人となる。父は既に死亡しているため、相続人は「妻」と「母」となり、相続分は、妻A **3分の2**、母D **3分の1**となる。

 × 自筆証書遺言については、証人が**不要**である。

ひっかけ

A〈16〉 ○ 民法では、遺産の一定割合の取得を相続人に保証する**遺留分**という制度が規定されている。**遺留分**が侵害された相続人（遺留分権利者）は、侵害を受けた範囲内において、その侵害額を請求することができる。

A〈17〉 × 相続が開始した年に贈与を受けた財産は、**相続税**の課税対象となる。

A〈18〉 ○ なお、3年の期間を超えて支給されたものは、受け取った者の**一時所得**となる。

A〈19〉 ○ なお、物納に充てることができる財産は、**日本国内**にある相続財産で一定のもの（物納適格財産）に限られる。

 ○ 自筆証書遺言は、原則として全文を自書する必要があるが、財産目録についてはパソコンやワープロで作成してもよい。

Q〈20〉
☐☐☐ 下記の親族関係図において、相続人（配偶者・長男）が取得した死亡保険金の非課税限度額の合計額は、1,500万円である。なお、二男は相続の放棄をしている。

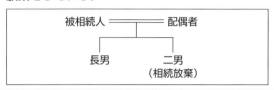

被相続人 ━━━━ 配偶者

長男　　　　二男
　　　　（相続放棄）

Q〈21〉
☐☐☐ 下記の親族関係図において、被相続人の相続における遺産にかかる基礎控除額は、4,800万円である。

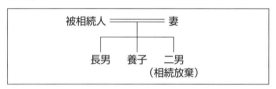

被相続人 ━━━━ 妻

長男　　養子　　二男
　　　　　　（相続放棄）

Q〈22〉
☐☐☐ 下記の親族関係図において、Aさんの相続における遺産にかかる基礎控除額は、4,800万円である。

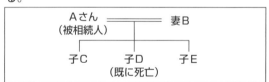

Aさん ━━━━ 妻B
（被相続人）

子C　　　子D　　　子E
　　　（既に死亡）

Q〈23〉
☐☐☐ 被相続人の父母が財産を相続する場合、算出税額に2割相当の税額が加算される。

過去問チェック！ [2019-9]

Q 初七日や四十九日などの法会に要した費用は、相続税の課税価格の計算上、葬式費用として控除することができる。

A⟨20⟩ ◯

非課税限度額を計算する際の法定相続人は、<u>相続放棄</u>がなかったとした場合の人数で計算する。つまり、配偶者、長男、二男の3人を法定相続人とするので、死亡保険金の非課税限度額の合計額は<u>500万円</u>×3人＝<u>1,500万円</u>となる。

 A⟨21⟩ ✕

遺産にかかる基礎控除額を計算する際の法定相続人には、実子がいる場合、養子は<u>1</u>人までを数に含めることができ、前問同様、放棄はなかったものとして計算する。この問題で基礎控除額を計算する際の法定相続人の数は4人とするので、遺産にかかる基礎控除額は「<u>3,000万円</u>＋<u>600万円</u>×<u>4</u>人＝5,400万円」となる。

A⟨22⟩ ◯

既に死亡している人は相続人と<u>ならない</u>ため、法定相続人を3人として計算する。よって、相続税の計算における遺産にかかる基礎控除額は、<u>3,000万円</u>＋600万円×法定相続人なので、<u>4,800万円</u>となる。なお、子Dに代襲相続人がいる場合は、その者を相続人の数に入れて計算する。

A⟨23⟩ ✕

相続税の計算において、算出税額に<u>2割</u>相当の税額が加算されるのは、<u>配偶者</u>、<u>親</u>、<u>子</u>（被相続人の養子となっている孫〈代襲相続人を除く〉は含まれない）以外の相続人が財産を取得した場合である。

 A ✕

本葬や通夜の費用は葬式費用として控除することができるが、初七日・四十九日などの法要の費用は控除の対象とならない。

Q⟨24⟩ お通夜や本葬の費用は、相続税の課税価格の計算上、葬式費用として控除することができる。

Q⟨25⟩ 相続税の申告書の提出義務のある人は、原則として、相続の開始(死亡)があったことを知った日の翌日から12カ月以内に、税務署に申告書を提出しなければならない。

Q⟨26⟩ 被相続人が生前に取得した墓地は、原則として相続税の対象とならない。

Q⟨27⟩ 相続人が取得した死亡退職金のうち、「500万円×子の数」が非課税財産となる。

3 贈与と贈与税に関する知識　　／6

Q⟨28⟩ 通常、必要とされる生活費や教育資金などを負担した場合は、贈与税は課税されない。

Q⟨29⟩ 贈与税は、1月1日から12月31日までの1年間の贈与につき、120万円の基礎控除が認められている。

Q⟨30⟩ 贈与税の配偶者控除の適用要件として、婚姻期間が20年以上の配偶者からの居住用不動産または居住用不動産を取得するための金銭の贈与であることがあげられる。

Q⟨31⟩ 贈与税の申告は、原則として、贈与を受けた人が、贈与を受けた年の翌年の2月16日から3月15日までに行うこととされている。

 過去問チェック! [2023-9]

Q 個人が死因贈与により取得した財産は、課税の対象とならないものを除き、贈与税の課税対象となる。

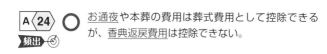

A〈24〉 ○ お通夜や本葬の費用は葬式費用として控除できるが、香典返戻費用は控除できない。

頻出

A〈25〉 ✕ 相続税の申告期限は、相続の開始があったことを知った日の翌日から10カ月以内である。

頻出

（ひっかけ）

A〈26〉 ○ 被相続人が生前に取得した墓地、墓石、仏壇、仏具は、相続税の非課税財産である。

A〈27〉 ✕ 子ではなく、「500万円×法定相続人の数」が非課税財産となる。

A〈28〉 ○ その他、社会通念上相当と認められる香典、お祝い、中元歳暮なども贈与税は課税されない。

A〈29〉 ✕ 贈与税の基礎控除額は年間110万円である。

A〈30〉 ○ 他にも、贈与を受けた年の翌年3月15日までに居住し、その後も引き続き居住する見込みであること、必ず贈与税の申告をすることという要件がある。

頻出

実技

A〈31〉 ✕ 贈与税の申告は、贈与を受けた年の翌年の2月1日から3月15日までに納税地の所轄税務署長に提出しなければならない。（ひっかけ）

A ✕ 死因贈与とは人の死亡によって効力が発生する贈与契約であるが、相続税の対象となる。

Q⟨32⟩ 相続時精算課税制度の適用を受けて贈与税の申告
をする場合の特別控除の限度額は、2,500万円
である。

Q⟨33⟩ 相続時精算課税制度を適用できるのは、原則、贈
与を受けた年の1月1日において、50歳以上の
親から18歳以上の子への生前贈与である。

4 財産評価に関する知識

Q⟨34⟩ 相続時の土地の評価について、路線価方式の場合、
1つの道路に面する土地評価額は、「路線価×奥
行価格補正率×土地の面積」となる。

Q⟨35⟩ 相続時の宅地は、1画地ごとに評価し、路線価方
式と倍率方式の2つの評価方法がある。

Q⟨36⟩ 相続税を計算する際に、定期預金の相続税評価額
は預入元本の額で評価する。

Q⟨37⟩ 自用建物の相続税評価額は、「固定資産税評価額
×0.9」により評価する。

Q⟨38⟩ 被相続人が居住していた宅地については、被相続
人の配偶者もしくは同居の子が相続する場合は申
告期限まで居住を継続しなくても相続税評価額が
減額される。

Q⟨39⟩ 土地所有者が、自己の土地に建築した家を賃貸の
用に供している場合、その敷地たる宅地の価額は、
貸宅地として評価する。

過去問チェック! [2021-1]

Q 相続税額の計算において、相続開始時に保険事故が発生していない生命保険
契約に関する権利の価額は、原則として、相続開始時においてその契約を解
約するとした場合に支払われることとなる解約返戻金の額によって評価する。

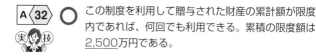

A〈32〉 〇 この制度を利用して贈与された財産の累計額が限度
内であれば、何回でも利用できる。累積の限度額は
<u>2,500万円</u>である。

A〈33〉 ✕ 相続時精算課税制度を利用できるのは、原則として、
<u>60歳</u>以上の父母・祖父母から<u>18歳</u>※以上の子・孫
への贈与についてである。
ひっかけ
※ 2022年4月1日以後の贈与の場合

A〈34〉 〇 <u>奥行き</u>により土地の利用価値が異なるため、<u>奥行価
格補正率</u>を乗じて求める。

A〈35〉 〇 登記上の<u>1筆</u>ごとではなく、利用の単位である<u>1画
地</u>ごとに評価する。

A〈36〉 ✕ 定期預金の相続税評価額は、「課税時期の預入残高
＋(<u>既経過利子－源泉徴収税額</u>)」で評価する。

A〈37〉 ✕ 自用建物の評価額は、「固定資産税評価額×<u>1.0</u>」で
頻出 ある。

A〈38〉 ✕ 配偶者以外の同居親族が相続する場合は、申告期限
まで<u>所有</u>かつ<u>居住</u>を継続している場合に減額の適用
がある。
ひっかけ

A〈39〉 ✕ 本問の土地は、<u>貸家建付地</u>として評価する。

A 〇 給付事由が発生していない生命保険契約の権利の評
価額は、原則として<u>解約返戻金相当額</u>となる。

1 相続の法律知識 ／10

Q 01 代襲相続の相続権は、直系卑属の場合、死亡した相続人の孫までである。
□□□

Q 02 下記の親族関係図において、孫Eの法定相続分は8分の1である。
□□□

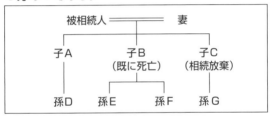

```
         被相続人 ═══════════ 妻

    子A          子B              子C
              （既に死亡）       （相続放棄）

  孫D      孫E        孫F        孫G
```

Q 03 下記の親族関係図において、配偶者の法定相続分は、3分の1である。
□□□

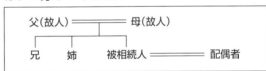

```
   父(故人) ═══════════ 母(故人)

  兄      姉      被相続人 ═══════════ 配偶者
```

Q 04 共同相続人のうち、特定の相続人が相続財産を取得し、その代償として自己の財産を他の相続人に提供する方法を代償分割という。
□□□

📄 **過去問チェック！** ［2022-5（加工）］

Q 公正証書遺言は、証人2人以上の立会いのもと、遺言者が遺言の趣旨を公証人に口授し、公証人がそれを筆記して作成される遺言であり、相続開始後に公証役場における検認手続が必要である。

A 01 ✕ 代襲相続の相続権は、直系卑属の場合、再代襲・再々
代襲がある。兄弟姉妹の場合はその子までである。

（ひっかけ）

A 02 ◯ ①相続人は配偶者と子なので、配偶者2分の1、子
2分の1。

②子は3人だが、子Cは相続放棄をしているため、
相続人とはならず代襲相続も発生しないため、子A
と子Bが「2分の1×2分の1＝4分の1」ずつとなる。
③子Bは既に死亡しているので、代襲相続人となる
孫Eと孫Fは、代襲される者（子B）の相続分を均等
に引き継ぎ、それぞれ「4分の1×2分の1＝8分の
1」となる。

A 03 ✕ 被相続人に子どもがなく、直系尊属もいない場合は、
配偶者と兄弟姉妹が法定相続人となる。この場合の
法定相続分は、配偶者が4分の3、兄姉が4分の1
である。

A 04 ◯ 遺産分割の方法には、「代償分割」のほかに「現物分
割」「換価分割」がある。

A ✕ 公正証書遺言の場合、検認手続きは不要である。な
お、自筆証書遺言と秘密証書遺言の検認手続きは家
庭裁判所で行う。

277

重要

Q⟨05⟩ □□□ 遺留分算定の基礎となる財産の価額が1億6,000万円で、相続人が配偶者と子2人である場合、子1人あたりの遺留分は、3,000万円である。

Q⟨06⟩ □□□ 遺言者はいつでも自由に遺言の全部または一部を撤回することができる。

Q⟨07⟩ □□□ 遺言は、その種類にかかわらず、相続開始後に家庭裁判所で検認の手続きを受けなければならない。

Q⟨08⟩ □□□ 遺言で遺留分を侵害された場合は、相続の開始および遺留分が侵害されたことを知ったときから1年以内に請求することで、遺留分侵害額に相当する金銭を取り戻すことができる。

Q⟨09⟩ □□□ 相続人が直系尊属のみの場合の遺留分は、全相続財産の2分の1である。

Q⟨10⟩ □□□ 特別養子縁組が成立しても、特別養子となった子と実の父母との親子関係は残る。

2 相続税に関する知識

/11

Q⟨11⟩ □□□ 相続時精算課税制度の適用を受けて取得した上場株式の価額は、相続税を算出する際の課税価格に加算される。

過去問チェック! [2021-9]

Q 相続人が複数いる場合、各相続人は、被相続人の遺言により相続分や遺産分割方法の指定がされていなければ、法定相続分どおりに相続財産を分割しなければならない。

A〈05〉 ✕ 遺留分として認められるのは、全財産の1/2なので8,000万円。相続人が配偶者、子なので、相続分は1/2ずつとなる。子は2人いるため、子1人の相続分は1/4となる。
したがって、子の遺留分は1億6,000万円×1/2×1/4＝2,000万円となる。

A〈06〉 ◯ 複数の遺言書が存在する場合、原則として日付の一番新しい遺言が優先される。

A〈07〉 ✕ 家庭裁判所の検認が必要なのは、自筆証書遺言※と秘密証書遺言である。公正証書遺言は必要ない。
※法務局での保管制度を利用した場合は不要

A〈08〉 ◯ 遺留分侵害額請求権という。ただし、遺留分が侵害されたことを知らなくても相続開始から10年以上経った場合は遺留分侵害額請求権は消滅する。
頻出🖐

A〈09〉 ✕ 遺留分の割合は、原則、全相続財産の2分の1であるが、相続人が直系尊属のみの場合は、全相続財産の3分の1である。

A〈10〉 ✕ 普通養子の場合、実の父母との親子関係は残るが、特別養子は実の父母との親子関係はなくなる。

A〈11〉 ◯ 相続時精算課税制度を利用して贈与を受けた財産は、相続財産に加算する必要がある。

なお、その際の金額は贈与時の評価額である。

A ✕ 相続人全員の合意があれば、法定相続分と異なる割合で分割してもよい。

第6章 相続・事業承継 一問一答（重要）

279

Q 12 被相続人の孫が代襲相続人として相続人となった場合、その孫にかかる相続税額は2割加算の対象となる。

Q 13 被相続人の業務外の死亡により、勤務先から受け取った弔慰金については、「死亡当時の普通給与の6カ月分」に相当する額までは相続税の課税対象とならない。

Q 14 相続税を計算する際、被相続人の債務については、原則として遺産総額から差し引くことができるが、墓地の購入代金の未払い金については、差し引くことができない。

Q 15 相続税額を計算する際の相続税法上の法定相続人の数について、被相続人の養子は、常に2人まで数えることができる。

Q 16 2023年12月22日に病気により死亡した場合、相続にかかる相続税の申告書の提出期限は、原則として2024年10月22日である。

Q 17 被相続人が生前に未払いとしていた医療費は、相続財産から控除できる。

Q 18 相続税の申告書の提出先は、財産を取得した人の住所地を所轄する税務署である。

 過去問チェック! [2019-9(加工)]

 2024年中に開始する相続において、相続税額の計算における遺産に係る基礎控除額は「3,000万円+500万円×法定相続人の数」の算式により求められる。

A 12 ✕ 一親等の血族と配偶者以外のものが相続した場合は2割加算の対象となるが、代襲相続人は<u>一親等の血族</u>と同様に扱うため2割加算の対象と<u>ならない</u>。

A 13 ○ 業務外の死亡の場合の弔慰金の非課税枠は、「死亡時の普通給与の<u>6</u>カ月分」である。
業務上の死亡の場合は、「死亡時の普通給与の<u>3年（36カ月）</u>分」となる。

A 14 ○ 墓地や墓石については、相続税の<u>非課税財産</u>となり、墓地の購入代金の未払い金については、債務控除の対象とは<u>ならない</u>。

A 15 ✕
頻出 被相続人に養子がいる場合、法定相続人の数に算入できる養子の数には、次の制限がある。

| 被相続人に実子がいる | 養子のうち<u>1</u>人まで |
| 被相続人に実子がいない | 養子のうち<u>2</u>人まで |

A 16 ○ 相続税の申告期限は、相続の開始があったことを知った日の翌日から<u>10</u>カ月以内である。

A 17 ○ 未払いの医療費は、被相続人の債務にあたる。被相続人の債務は、相続財産から<u>債務控除</u>ができる。

A 18 ✕ <u>被相続人</u>の死亡時における住所地を所轄する税務署である。

A ✕ 相続税の基礎控除額の算式は「3,000万円＋600万円×法定相続人の数」である。

Q⟨19⟩
☐☐☐
「配偶者に対する相続税額の軽減」として、配偶者が相続した財産については、法定相続分までか、1億6,000万円のいずれか多い金額までは、相続税額が算出されない。

. . . .

Q⟨20⟩
☐☐☐
相続を放棄した相続人や欠格、廃除により相続権を失った者であっても、保険金の受取人として指定されている場合は保険金を受け取ることができ、生命保険金等の非課税枠の適用も受けることができる。

. . . .

Q⟨21⟩
☐☐☐
物納した財産を国が引き取る収納価額は、原則として時価ではなく相続税評価額である。

3 贈与と贈与税に関する知識   / 7

Q⟨22⟩
☐☐☐
贈与税は金銭による一括納付が原則であるが、一定の要件を満たせば延納も認められる。

. . . .

Q⟨23⟩
☐☐☐
父から上場株式300万円(相続税評価額)の贈与のほか、母から現金100万円の贈与を受けた場合、子にかかる贈与税の基礎控除額を控除したあとの課税価格の金額は、190万円となる。

. . . .

Q⟨24⟩
☐☐☐
借金を肩代わりするなど、無償で第三者に債務を弁済してもらった場合は、弁済してもらった債務の価額が、みなし贈与財産として贈与税の課税対象となる。

📄 **過去問チェック!** [2022-1]

Q 個人が法人からの贈与により取得した財産は、贈与税の課税対象とならない。

A 19
頻出

配偶者については、被相続人の財産形成への貢献や、被相続人死亡後の生活への配慮から、配偶者の税額軽減措置がある。配偶者が取得した財産が<u>法定相続分</u>まで、または法定相続分を超えていても<u>1億6,000万円</u>までであれば、所定の申告を前提として相続税は課税されない。

A 20 ✕

相続を放棄した相続人や欠格、廃除により相続権を失った者であっても、保険金の受取人として<u>指定</u>されている場合は保険金を受け取ることができる。ただし、生命保険金等の<u>非課税枠</u>の適用は受けられない。 （ひっかけ）

A 21 ◯

物納の際には、相続税の計算の基礎とした<u>相続税評価額</u>で収納される。

A 22 ◯

延納するためには次の要件を満たす必要がある。
① 税額が<u>10万円</u>を超えている
② 金銭での<u>一括納付</u>が困難な事由がある
③ 原則として<u>担保</u>を提供する

A 23 ✕

贈与者1人あたり<u>110万円</u>の控除ではなく、贈与を受けたすべての財産を合算した金額から、基礎控除の110万円を差し引くので、以下のようになる。
(<u>300万円</u>+<u>100万円</u>)−110万円=<u>290万円</u>

A 24 ◯

このほか、時価に比べて著しく<u>低い</u>価額で財産を譲り受けた場合も、<u>低額譲受</u>として通常の時価と支払った代金の<u>差額</u>が贈与税の課税対象となる。

A ◯

個人が法人から贈与で取得した財産は贈与税の非課税財産である。なお、一時所得・給与所得として所得税の対象となる。

25 贈与税の配偶者控除を適用すると納付すべき贈与税額が0円となるときは、配偶者からその適用にかかる贈与を受けた者は、贈与税の申告書を提出しなくてよい。

 26 相続時精算課税制度の適用を受けて、2024年に住宅取得資金の贈与を受ける場合、一定の要件を満たしていれば、60歳未満の親からの贈与でも、2,500万円まで贈与税を非課税とすることができる。

 27 直系尊属から住宅取得等資金の贈与を2024年6月に受けて、一定の条件を満たした省エネ等住宅の取得に充てた場合は、1,000万円までの贈与であれば贈与税が非課税となる。

 28 相続または遺贈で財産を取得した者が、相続開始の年に被相続人から受けた贈与財産は、贈与税の非課税財産である。

4 財産評価に関する知識 8

 29 相続により、被相続人が居住していた宅地等を同居していた配偶者が取得した場合、小規模宅地等の評価減の対象となる面積は400㎡までの部分で、その減額割合は80%である。

 過去問チェック！ [2020-9]

Q 個人間において著しく低い価額で財産の譲渡が行われた場合、原則として、その譲渡があった時の譲渡財産の時価と支払った対価との差額に相当する金額について、贈与税の課税対象となる。

A 25 ✕ 贈与税における配偶者控除は、たとえ納付すべき贈与税額が0円でも、<u>申告</u>することが適用要件となっている。

A 26 ◯ 設問のとおり。相続時精算課税制度を適用する場合、贈与者となる父母・祖父母は60歳以上であるという要件があるが、<u>2026年12月末</u>までの住宅取得等資金の贈与については、贈与者の年齢要件は<u>ない</u>。

A 27 ◯ 設問のとおり。この資金の贈与を受ける受贈者は、贈与を受けた年の<u>1月1日</u>時点で18歳以上であり、その年の合計所得金額が<u>2,000万円</u>※以下であることが条件である。

※ 床面積40㎡以上50㎡未満の場合1,000万円

A 28 ◯ 相続税の課税対象と<u>なる</u>。なお、相続財産を取得しない場合は、贈与税の対象である。

A 29 ✕ 対象となる面積と減額割合は、以下のとおりである。

	利用形態	減額対象面積	減額割合
居住用	特定居住用宅地等	<u>330㎡</u>	<u>80%</u>
事業用	特定事業用宅地等	400㎡	80%
貸付用	貸付事業用宅地等	200㎡	50%

＊ 特定居住用宅地等と特定事業用宅地等は、別枠で計算することができるため、最大730㎡までが80%減額の対象となる

A ◯ このように、本来の贈与財産ではないが同じような経済効果があるものを、みなし贈与財産という。

第6章 相続・事業承継 一問一答（重要）

重要

Q30 取引相場のない株式の評価は、その株式の取得者によって評価方法が異なる。

Q31 他人に貸している土地は「貸宅地」として評価され、「自用地評価額×借地権割合」で計算される。

Q32 「貸家建付地」の評価額は、「自用地評価額×（1－借地権割合×借家権割合）」により評価する。

Q33 借家権の価額は、「自用家屋評価額×（1－賃貸割合）」により評価する。

Q34 金融商品取引所に上場されている株式の価額は、課税時期の属する月の前3カ月間の毎日の終値の平均額によって評価する。

Q35 規模区分が中会社と判定された非特定会社の株式を同族株主が取得した場合、原則として類似業種比準方式か純資産価額方式のどちらかで評価する。

Q36 特定会社に該当する評価会社（清算中の会社ではない）の株式を同族株主が取得した場合、当該株式の価額は、原則として、純資産価額方式により評価する。

過去問チェック！ ［2021-9］

Q 相続により特定居住用宅地等と貸付事業用宅地等の2つの宅地を取得した場合、適用対象面積の調整はせず、それぞれの適用対象面積の限度まで「小規模宅地等についての相続税の課税価格の計算の特例」の適用を受けることができる。

A 30 ⭕ 取引相場のない株式の評価方法は、その取得者が<u>同族株主等</u>かそれ以外であるかによって、原則的評価方式と特例的評価方式とに分けられる。

A 31 ✕ 貸宅地の評価は、「自用地評価額×(<u>1−借地権割合</u>)」で計算される。

A 32 **頻出** ✕ 「貸家建付地」の評価額は、「自用地評価額×(1−借地権割合×借家権割合×<u>賃貸割合</u>)」により評価する。

A 33 ✕ 借家権の評価額は、「自用家屋評価額×<u>借家権割合</u>×<u>賃貸割合</u>」である。ただし、権利金等の名称を持って取り引きされる慣行のない地域にあるものについては、評価しないこととなっている。

A 34 **頻出** ✕ 上場株式は、①課税時期の終値、②課税時期の属する月の毎日の終値の平均額、③課税時期の属する月の前月の毎日の終値の平均額、④課税時期の属する月の前々月の毎日の終値の平均額のうち、もっとも<u>低い</u>価額が評価額となる。

A 35 ✕ 設問の場合、原則として、類似業種比準方式と純資産価額方式の<u>併用</u>方式で評価する。
（ひっかけ）

A 36 ⭕ 特定会社には土地保有特定会社、株式保有特定会社等があるが、会社の規模にかかわらず、原則として<u>純資産価額方式</u>により評価する。

 ✕ 特定居住用宅地等と貸付事業用宅地等の2つの宅地を取得した場合、一定の算式により適用対象面積の調整が行われる。

実技問題

「FP」はFP協会の
実技試験の出題形式
を指します。

実技試験の概要と対策

● 学科試験と実技試験

　「FP技能士3級」の試験には、学科試験と実技試験の2つがあり、それぞれの合格基準に達しなければ、合格できません。

● 学科試験と実技試験の違い

　学科試験は、基本的に問題の選択肢から解答を選びますが、実技試験は設例や資料をもとに出題され、それを読み解いていきます。計算問題や穴埋め問題、語群から適切な語句や数字を選択する問題など、問題のパターンもさまざまです。

● 実技試験のレベル

　学科試験に比べて、実技試験が難しいということはありません。基本的な知識が身についていれば、答えられるはずです。ただ、問題形式が学科試験と違うので、とまどうことがあるかもしれません。

● 実技試験の攻略法

　実技試験の苦手意識をなくす方法、それはこの出題形式に慣れることです。本書では、各分野から計8問を載せています。繰り返し解いて、実技試験に対する苦手意識をなくしましょう。

問題 1 〔金財│個人資産相談業務〕

公的年金と老後資金

X社に勤務するAさん(54歳)は、妻Bさん(52歳)との2人暮らしである。セカンドライフの計画を立てるにあたり、公的年金制度や老後資金を準備するための個人型確定拠出年金について理解を深めたいと思っている。そこで、Aさんは、ファイナンシャル・プランナーに相談することにした。

<Aさんに関する資料>
Aさん(1970年4月5日生まれ・54歳・会社員)
　60歳で定年退職後は継続雇用制度で65歳まで勤務する予定
　公的年金加入歴：下図のとおり(65歳までの見込みを含む)
　X社が実施する確定給付企業年金(DB)と確定拠出年金(企業型DC)加入者である。

20歳　　　　　23歳　　　　　　　　　60歳　　65歳

学生納付特例による国民年金保険料免除期間　36月*	厚生年金の被保険者期間　504月

妻Bさん(1972年5月4日生まれ・52歳・専業主婦)
　公的年金加入歴：20歳から22歳までは国民年金に加入。その後Aさんと結婚するまでの10カ月は厚生年金保険に加入。結婚後は、国民年金に第3号被保険者として加入。
　※妻BさんはAさんと同居し、Aさんと生計維持関係にある。
　※上記以外の条件は考慮せず、各問に従うこと。

---

* 制度の施行は2000年だが、問題作成上、施行済としている

問1 □□□

ファイナンシャル・プランナーによる、Aさんの老齢基礎年金・老齢厚生年金についての説明として最も不適切なものはどれか。

1. Aさんが65歳から受給を開始した場合の老齢基礎年金の年金額は以下のように計算できます。

$$816,000円（基礎満額）※ \times \frac{480月}{480月}$$

※2024年度価格

2. Aさんには特別支給の老齢厚生年金は支給されず、原則として65歳から老齢厚生年金と老齢基礎年金を受給することができます。

3. 妻Bさんは厚生年金に加入した期間が10カ月あるため、65歳から老齢厚生年金を受給することができます。

問2 ☐☐☐

Aさんは公的年金の繰上げ・繰下げ受給についても関心がある。繰上げ・繰下げについての以下の説明のうち、最も適切なものはどれか。

1. 原則65歳から受け取ることができる老齢基礎年金を60歳から繰上げて受給する場合、金額は、65歳から受給する場合と比べて24%（0.4%×60カ月）減額された額となります。

2. 老齢厚生年金を66歳以降に繰下げ受給する場合は、老齢基礎年金と同時に行う必要があります。

3. 老齢厚生年金の繰下げ受給は最大で70歳まで繰り下げて受給することが可能で、1カ月繰り下げる毎に0.7%増額されます。

問3 ☐☐☐

Aさんは個人型確定拠出年金への加入を検討している。ファイナンシャル・プランナーの説明として最も不適切なものはどれか。

1. Aさんが60歳から老齢給付金を受給するためには、通算加入者等期間が20年以上必要となります。

2. Aさんが企業型確定拠出年金のマッチング拠出を利用している場合は、個人型確定拠出年金に加入することはできません。

3. Aさんが個人型確定拠出年金の加入者となって掛金の拠出をした場合、掛金の全額が小規模企業共済等掛金控除として所得控除の対象となります。

問1 解答
1

解説

1．不適切

老齢基礎年金の年金額は以下の計算式で計算される。

$$満額の老齢基礎年金 \times \frac{保険料納付済月数 + 免除月数 \times 免除の種類に応じた割合}{480月（40年）}$$

なお、国民年金の第2号被保険者（厚生年金に加入している期間）のうち、保険料の納付済期間に算入されるのは20歳以上60歳未満の期間である。また、学生納付特例により全額免除された期間は年金額を計算する際の免除月数には含まない。

つまり、Aさんの場合、学生納付特例期間と60歳〜65歳までの厚生年金の被保険者期間は**含まない**ため、「保険料納付済期間＋（免除月数×免除の種類に応じた割合）」は480月に満たない。

20歳	23歳		60歳	65歳
学生納付特例による国民年金保険料免除期間（36月）	厚生年金の被保険者期間			
含まない	含む 23歳以降〜 60歳未満		含まない	

2．適 切

特別支給の老齢厚生年金が支給されるのは、男性は昭和36（1961）年4月1日以前生まれ、女性では昭和41（1966）年4月1日以前生まれである。AさんとBさんは該当しないため、原則の65歳支給開始となる。

3．適 切

本来支給の老齢厚生年金は、1カ月でも厚生年金の加入期間があれば65歳から支給される。なお、特別支給の老齢厚生年金は1年以上の加入期間が必要である。

問2 解答

1

解説

1. 適 切

本来65歳から支給される老齢基礎年金を60歳から64歳の間で支給開始することを「繰上げ」という。繰上げは1カ月単位で行うことができ、1カ月繰り上げるごとに0.4%減額となる。本来65歳から受け取るものを60歳で受取開始すると60カ月（5年間）早く開始することになり、0.4%×60カ月＝24%の減額となる。

2. 不適切

本来65歳から支給される年金を66歳以降に受取開始することを「繰下げ」という。繰下げ受給は、老齢基礎年金と老齢厚生年金を同時に行う必要はなく、どちらかのみで行うこともできる。また、それぞれを別々の時期に繰り下げることも可能である。なお、繰上げの場合は、老齢基礎年金と老齢厚生年金を同時に行う必要がある。

3. 不適切

老齢年金の繰下げの上限年齢は75歳である。繰り下げて受給する場合、1カ月繰り下げるごとに0.7%増額される。つまり、本来65歳から受け取る年金を75歳に繰り下げると0.7%×120カ月＝84%の増額となる。

問3 解答

1

解説

1. 不適切

確定拠出年金の老齢給付金を60歳から受給するためには、通算加入者等期間が10年以上必要である。

2. 適 切

企業型確定拠出年金の加入者も、個人型確定拠出年金への同時加入は可能だが、マッチング拠出を利用している場合は同時加入はできず、マッチング拠出か個人型確定拠出年金かの選択となる。

3. 適 切

個人型確定拠出年金の掛金はその全額が小規模企業共済等掛金控除として所得控除の対象となる。そのため所得税や住民税の軽減につながることになる。

問1 ☐☐☐

下記は、伊藤家のキャッシュフロー表(一部抜粋)である。このキャッシュフロー表の(ア)～(ウ)に入る数値として、最も適切なものはどれか。なお、計算にあたっては、キャッシュフロー表中に記載の整数を使用し、計算結果は万円未満を四捨五入すること。

＜伊藤家のキャッシュフロー表＞

経過年数		基準年	1年目	2年目	3年目	4年目
西暦		2023	2024	2025	2026	2027
年齢	伊藤一郎(本人)	45	46	47	48	49
	洋子(妻)	43	44	45	46	47
	美緒(長女)	15	16	17	18	19
	祐也(長男)	12	13	14	15	16
ライフイベント			長女高校入学 長男中学入学		車の買替	長女大学入学 長男高校入学
	(変動率)					
収入	夫の給与収入	1%	550	556	561	567	572
	妻の給与収入		100	100	100	100	100
	収入合計		650	656	661	667	672
支出	基本生活費	1%	240	242	245	(ア)	
	居住費(住宅ローン)		130	130	130	130	130
	教育費	1%	80	94	95	96	
	保険料		48	48	48	48	48
	車の買替	1%				(イ)	
	その他の支出		60	60	60	60	60
	支出合計		558	574	578		
	年間収支		92	82	83		
金融資産残高		0.5%	492	576	(ウ)		

※ 年齢および金融資産残高は各年12月31日現在とし、基準年は2023年とする
※ 給与収入は可処分所得で記載
※ 記載されている数値は正しいものとする
※ 問題の都合上、一部を空欄としている
※ (イ)の計算について、基準年時点で300万円の車を2026年に買替とする

1.空欄(ア):240万円×$(1+0.01)^3$≒247万円

2.空欄(イ):300万円×1.01=303万円

3.空欄(ウ):492万円×$(1+0.005)^2$+82万円≒579万円

問2 ▢▢▢

会社員の田中さんの2024年分の給与収入が以下の<資料>のとおりである場合、田中さんの2024年分の所得税の課税対象となる総所得金額として、正しいものはどれか。なお、田中さんに給与所得以外の所得はないものとする。<資料>に記載のない事項については一切考慮しないこととする。

<資料>

収　入	田中さんが適用できる所得控除
給与　420万円 / 年 賞与　140万円 / 年	基礎控除　48万円 配偶者控除　38万円 社会保険料控除　63万円

<給与所得控除額>

総収入	給与所得控除
180万円以下	収入金額×40%－10万円 （55万円に満たない場合は55万円）
180万円超　　360万円以下	収入金額×30%＋8万円
360万円超　　660万円以下	収入金額×20%＋44万円
660万円超　　850万円以下	収入金額×10%＋110万円
850万円超	195万円（上限）

1．156万円
2．255万円
3．404万円

問3 ▢▢▢

山田さんは定年退職を迎える20年後までに退職金以外で2,000万円を貯めたいと考えている。年利2％で複利運用できるとした場合、年間必要積立額として適切なものはどれか。なお、下記資料の係数の中から最も適切な係数を選択して計算し、円単位で回答すること。税金や記載のない事項は考慮しないものとする。

年金現価係数	資本回収係数	減債基金係数
16.351	0.06116	0.04116

1．1,223,167円
2．654,040円
3．823,200円

実技 キャッシュフロー表の計算

問1 解答
1

解説

1. **適 切**

将来価値は、「現在価値×（1＋変動率）経過年数」で計算できる。

2. **不適切**

基準年である2023年に300万円の車を2026年に買替える場合、3年経過しているため300万円×（1＋0.01）³≒309万円となる。

3. **不適切**

金融資産残高は、「前年の金融資産残高×（1＋運用利率）±当年の年間収支」で計算する。当該問題のケースでは、576万円×（1＋0.005）＋83万円≒662万円となる。

経過年数		基準年	1年目	2年目	3年目	4年目
西暦		2023	2024	2025	2026	2027
年齢 伊藤一郎(本人)		45	46	47	48	49
洋子(妻)		43	44	45	46	47
美緒(長女)		15	16	17	18	19
祐也(長男)		12	13	14	15	16
ライフイベント			長女高校入学 長男中学入学		車の買替	長女大学入学 長男高校入学
	(変動率)					
収入 夫の給与収入	1%	550	556	561	567	572
妻の給与収入		100	100	100	100	100
収入合計		650	656	661	667	672
支出 基本生活費	1%	240	242	245	247	250
居住費(住宅ローン)		130	130	130	130	130
教育費	1%	80	94	95	96	228
保険料		48	48	48	48	48
車の買替	1%				309	
その他の支出		60	60	60	60	60
支出合計		558	574	578	890	716
年間収支		92	82	83	− 223	− 44
金融資産残高	0.5%	492	576	662	442	400

問2 解答

2

解説

給与所得者の課税対象となる総所得金額は以下のように求める。

① 総収入から給与所得控除額を差し引き、給与所得の額を求める

② ①で求めた給与所得の額から適用できる所得控除の金額を差し引く

　問題の場合、以下のような計算となる。

① 総収入560万円－給与所得控除額156万円（560万円×20％＋44万円）＝404万円

② 404万円－所得控除額（48万円＋38万円＋63万円）＝255万円

よって、田中さんの総所得金額は255万円となる。

問3 解答

3

解説

　将来の目標金額を貯めるために、一定の期間にわたって複利運用で積み立てる場合の必要積立額を求める際に使う係数は減債基金係数である。係数を目標額に乗ずることで必要積立額を算出することができる。

　　　目標額　　　×　　　係数　　　＝必要積立額
　20,000,000円　×　0.04116　＝823,200円

なお、他の2つの係数は以下のとおり。

年金現価係数	元本を複利運用しながら年金を一定期間にわたり受け取るために必要な元本を求める際に使用
資本回収係数	元本を複利運用しながら毎年均等に取り崩す場合、毎年取り崩すことができる金額を求める際に使用

問題3　FP｜資産設計提案業務

実技　保険契約

学習日　／

問1　☐☐☐

変額保険に関する次の記述の空欄（ア）～（ウ）にあてはまる語句の組み合わせとして、もっとも適切なものはどれか。

> ・変額保険は、主に株式や債券に投資して、契約後の運用状況によって保険金額や解約返戻金が変動する（ア）のある商品である。
> ・変額保険は（イ）で運用され、他の保険種類とは区分して運用される。
> ・変額保険の終身型は、一生涯の保障があり、死亡あるいは高度障害保険金については、契約時の（ウ）が最低保証される。
> ・有期型は、満期までの保障があり、死亡あるいは高度障害保険金については、契約時の（ウ）が最低保証される。

1．（ア）安全性　（イ）一般勘定　（ウ）基本保険金額
2．（ア）安全性　（イ）特別勘定　（ウ）満期保険金額
3．（ア）投資性　（イ）一般勘定　（ウ）満期保険金額
4．（ア）投資性　（イ）特別勘定　（ウ）基本保険金額

問2　☐☐☐

下記の生命保険契約について、保険金・給付金が支払われた場合の税金に関する次の記述の空欄（ア）～（ウ）に入る語句の組み合わせとして正しいものはどれか。

〈生命保険の加入状況〉

	保険種類	契約者 （保険料負担者）	被保険者	死亡保険金 受取人	満期保険金 受取人
契約A	定期保険	夫	夫	妻	—
契約B	医療保険	妻	妻	夫	—
契約C	学資保険	夫	子	夫	夫

> 契約Aで妻が受け取った死亡保険金は(ア)となり、契約B
> で妻が受け取った入院給付金は(イ)であり、契約Cで夫が受け
> 取った満期学資金は(ウ)となる。

1. (ア)相続税の課税対象　(イ)非課税　(ウ)所得税(一時所得)の
   課税対象
2. (ア)非課税　(イ)所得税(雑所得)の課税対象　(ウ)贈与税の課
   税対象
3. (ア)贈与税の課税対象　(イ)所得税(雑所得)の課税対象　(ウ)
   所得税(一時所得)の課税対象

問3 □□□

　鈴木さんが契約しようと考えている火災保険と地震保険に関する
次の記述の空欄(ア)～(ウ)にあてはまる数値の組み合わせとして
正しいものはどれか。

> ・火災保険の保険金額が下記のとおりである場合、地震保険の
>   保険金額として居住用建物(ア)万円、家財(イ)万円の範囲内
>   で契約することができる。
>
> | 火災保険の保険金額 | 居住用建物 | 4,000万円 |
> |---|---|---|
> | | 家財 | 2,000万円 |
>
> ・地震保険料の年間保険料65,000円を支払った場合(地震保
>   険料控除の経過措置の対象となる長期損害保険契約等はな
>   い)、所得税の地震保険料控除額は、(ウ)円である。

1. (ア)1,200～2,000　(イ)1,000～2,000　(ウ)65,000
2. (ア)1,200～2,000　(イ)　600～1,000　(ウ)50,000
3. (ア)2,000～4,000　(イ)　600～1,000　(ウ)65,000
4. (ア)2,000～4,000　(イ)1,000～2,000　(ウ)50,000

実技　保険契約

問1　解答
4

解説

通常の保険は、**一般勘定**$^{※1}$で運用されているが、変額保険は**特別勘定**$^{※2}$で運用され、他の保険種類とは区分して運用されている。

運用状況が良いと、インフレによる貨幣価値の下落を回避するインフレヘッジが期待できるが、悪いときのリスクは契約者が負う。

- ※1　特別勘定を除いた資産を運用管理する勘定で、契約者に一定の予定利率を保証する
- ※2　資産運用結果を直接的に契約者に還元する目的として、他の勘定と分離して運用する勘定

問2　解答
1

解説

● 死亡保険金は、契約形態によって、相続税、所得税、贈与税のいずれかの課税対象となる。

契約者（保険料負担者）と被保険者が、同一の契約で死亡保険金を受け取った場合は、相続税の課税対象となる。

〈死亡保険金にかかる税金〉

契約者	被保険者	保険金受取人	課　税
A	A	B（相続人）	相続税
A	A	B（相続人以外）	相続税（遺贈）
A	B	A	所得税（一時所得）
A	B	C	贈与税

●入院給付金・手術給付金・通院給付金・特定疾病保険金・高度障害給付金などの生前給付金、リビングニーズ特約給付金などの給付金は、原則として**非課税**である。
医療費控除を受ける場合には、医療費の額からその給付金を差し引いて申告する必要がある。

●満期保険金や解約返戻金にかかる課税は、契約者と保険金受取人が同じ場合には**所得税**、異なる場合には**贈与税**の対象となる。
ただし、払込期間5年以下の金融類似商品※の満期保険差益は、20.315%（所得税15.315%・住民税5%）の源泉分離課税の対象となる。

> ※　金融類似商品とは、①保険期間が5年以下（保険期間が5年超でも、5年以下で解約する場合も含む）、②災害死亡保険金が満期保険金の5倍未満、③普通死亡保険金が満期保険金と同額以下、④一時払いまたはこれに準ずる保険料の払い方をしていることのすべてに該当する契約をいう

〈満期保険金・解約返戻金にかかる税金〉

契約者	受取人	課　税
A	A	所得税・住民税（一時所得）
A	B	贈与税

問3 解答
2

解説
　地震保険の保険金額は、主契約保険金額の30～50%の範囲内で設定するが、建物で5,000万円、家財で1,000万円の上限がある。
　2017年1月以降の契約の支払いについては、損害の大きさにより全損は保険金額の**全額**、大半損60%、小半損30%、一部損の場合は5%が支払われる（2016年12月までの契約については、全損、半損、一部損の3区分）。

投資の基礎

　会社員のAさん（35歳）は、余裕資金で資産形成のために、株式や株式投資信託による運用を考えている。Aさんは投資の経験が浅く、銘柄選びの基礎知識をファイナンシャルプランナーのMさんに相談することにした。

　Mさんは、東京証券取引所プライム市場上場銘柄であるXY株式会社とZ株式会社の資料を例に説明を行った。

＜XY株式会社とZ株式会社に関する資料＞

	XY社	Z社
総資産	9,000億円	6,000億円
自己資本（純資産）	4,000億円	1,500億円
当期純利益	200億円	150億円
年間配当金総額	60億円	45億円
発行済株式数	2億株	1.5億株
株価	2,000円	1,500円

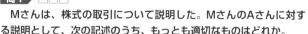

問1　☐☐☐

　Mさんは、株式の取引について説明した。MさんのAさんに対する説明として、次の記述のうち、もっとも適切なものはどれか。

1. 株式の注文方法には、指値注文と成行注文がありますが、成行注文より指値注文が優先され、売るときは値段の低いほうが、買うときは値段の高いほうが優先されます。
2. NISA口座で上場株式の取引を行う場合、成長投資枠で年間240万円まで投資することが可能ですが、つみたて投資枠との併用はできません。
3. 特定口座で保有していた株式を売却して利益が出た場合、上場株式等の譲渡所得として課税されますが、源泉徴収ありを選択していると申告不要とすることができます。

問2 ☐☐☐

　Mさんは、XY株式会社とZ株式会社に関する資料を使い、投資指標について説明をした。MさんのAさんに対する説明として、次の記述のうち、もっとも適切なものはどれか。

1. XY株式会社とZ株式会社のPERを比較すると、XY社15倍、Z社20倍でXY社のほうが株価は割安と判断されます。
2. ROEは自己資本を使ってどのくらいの利益を上げているかという資料です。XY株式会社の場合、資料から計算すると5％です。
3. 配当を期待して株式投資する場合、配当利回りも確認しましょう。Z社の配当利回りは3％です。

問3 ☐☐☐

　Aさんは株式投資のほか、株式投資信託への投資も検討している。MさんのAさんに対する説明として、次の記述のうち、もっとも不適切なものはどれか。

1. 投資信託を選ぶ際には、その投資信託の特徴や、運用方針、リスクなどの留意事項、運用実績が記載されている目論見書と、運用の経過や運用方針、組み入れ銘柄などを記載されている運用報告書を確認しましょう。
2. 信託報酬とは年換算の率で表示されていますが、実際には信託財産から日々徴収されており、運用期間中ずっと徴収されます。
3. 株式投資信託の収益分配金に対する税金には普通分配金と特別分配金がありますが、特定口座で投資した場合、どちらも配当所得として20.315％が源泉徴収されます。

問1 **解答**

3

解説

1. 不適切

　成行注文と指値注文では**成行注文**のほうが優先される。また、売るときは値段の**低い**ほうが、買うときは値段の**高い**ほうが優先（価格優先の原則）され、同じ価格であれば先に注文が出されたほうが優先（時間優先の原則）される。

2. 不適切

　2024年以降のNISA口座には、つみたて投資枠と成長投資枠があり、併用することが**可能**である。なお、2023年以前の旧NISAではつみたて投資枠に該当するつみたてNISAと成長投資枠に該当する一般NISAは併用できなかった。

	つみたて投資枠	成長投資枠
年間投資枠	120万円（積立投資）	240万円
非課税保有期間	無期限	
非課税保有限度額	1,800万円（うち成長投資枠1,200万円）	
投資対象商品	要件を満たした投資信託等	上場株式・投資信託等

3. 適 切

　特定口座には、「源泉徴収あり」と「源泉徴収なし」があるが「源泉徴収あり」では証券会社が1年間の損益を計算のうえ「年間取引報告書」を作成し源泉徴収するため、一定の場合は除き、自分で確定申告をする必要はない。

問2 解答

2

解説

PER、ROE、配当利回りはそれぞれ以下のように計算される。

PER(倍)＝株価 ÷ 1株あたり純利益
ROE(%)＝当期純利益 ÷ 自己資本 ×100
配当利回り(%)＝1株あたり年間配当金 ÷ 株価 × 100

	XY社	Z社
PBR	2000円÷100円=20倍 (1株あたり純利益= 200億円÷2億株=100円)	1500円÷100円=15倍 (1株あたり純利益= 150億円÷1.5億株=100円)
ROE	200億円÷4000億円×100 =5%	150億円÷1500億円×100 =10%
配当 利回り	30円÷2000円×100=1.5% (1株あたり配当 =60億円÷2億株=30円)	30円÷1500円×100=2% (1株あたり配当 =45億円÷1.5億株=30円)

問3 解答

3

解説

1. 適 切

　投資信託の基礎的な情報を開示する資料として、**目論見書と運用報告書**がある。

2. 適 切

　信託報酬とは、ファンドの管理・運営に対する費用として、運用期間中ずっと徴収されるコストで、**運用成果にかかわらず発生**する。

3. 不適切

　普通分配金は値上がり益に相当するもので、配当所得として源泉徴収されるが、特別分配金は元本の払い戻しに相当するため非課税である。

305

Aさん（35歳）は専業主婦である妻Bさん（32歳）、長男3歳、長女0歳の4人家族である。Aさんは第2子が生まれたこの機会に生命保険の見直しについて検討している。

Aさんの生命保険の契約内容は以下のとおりである。

〈Aさんが現在加入している生命保険の契約内容〉
定期保険特約付終身保険
契約年月日　　2017年8月1日
契約者（＝保険料負担者）・被保険者　Aさん
死亡保険金受取人　　　　　　　　　妻Bさん

内　容	保障金額	払込期間	保険期間
終身保険	200万円	60歳	終身
定期保険特約	2,800万円	10年	10年
特定疾病保障定期保険特約	300万円	10年	10年
疾病入院特約	1日目から日額5,000円	10年	10年
災害入院特約	1日目から日額5,000円	10年	10年
成人病入院特約	1日目から日額5,000円	10年	10年
リビングニーズ特約	3,000万円	－	－
傷害特約	500万円	10年	10年

※ 上記以外の条件は考慮せず、各問に従うこと

問1

Aさんが加入している生命保険の内容の説明について、次のうちもっとも不適切なものはどれか。

1．Aさんが、仮にがんの治療のために継続して15日間入院した場合に支払われる入院給付金の金額は、15万円である。
2．Aさんはこれまでに現在契約している生命保険より保険金・給付金等は受け取っていない。仮に現時点でAさんが死亡した場合、妻Bさんに支払われる死亡保険金の額は3,000万円である。
3．仮に現時点でAさんが、骨折により継続して7日間入院した場合に支払われる入院給付金の額は、35,000円である。

問2 ▢▢▢

Aさんは自分が死亡した場合の遺族の必要保障額を試算してほしいと希望している。Aさんが現時点で死亡した場合の必要保障額として、次のうちもっとも適切なものはどれか。下記の<条件>を利用して答えること。

〈条件〉

① 現在の日常生活費は月額25万円で、Aさん死亡後、長女独立（22年間）までは現在の生活費の70％、長女が独立後は現在の生活費の50％として試算する。
② 長女独立時の妻Bさんの年齢における平均余命は、33年とする。
③ Aさんの死亡時の住宅ローンの残高は2,000万円とする（団体信用生命保険加入）。
④ Aさんの葬儀費用は300万円とする。
⑤ 子ども2人の教育資金の総額は2,000万円とする。
⑥ 妻Bさんが受け取る公的年金等の総額は7,500万円とする。
⑦ Aさんの保有金融資産は300万円とする。
⑧ 現在加入している生命保険死亡保険金および満期保険金は考慮しないで計算する。

1．4,070万円　　　2．6,070万円　　　3．3,070万円

問3 ▢▢▢

Aさんが契約している生命保険に関する課税関係について述べた以下の文章の空欄①〜③に入る語句の組み合わせとして、次のうちもっとも適切なものはどれか。

仮にAさんが現時点で死亡した場合、妻Bさんが受け取る死亡保険金は（　①　）の課税対象となるが、「（　②　）×法定相続人の数」までは非課税となる。また、仮にAさんが余命6カ月以内と診断され、リビングニーズ特約に基づく保険金を受け取った場合、この保険金は（　③　）となる。

1．①相続税　　　②1,000万円　　　③一時所得
2．①贈与税　　　②500万円　　　　③雑所得
3．①相続税　　　②500万円　　　　③非課税

実技　生命保険の契約

問1　解答
2

解説

1. 適 切

　がんの治療で入院した場合には、「**疾病入院特約**」と、がん、心疾患、脳血管疾患、高血圧性疾患、糖尿病などの所定の成人病を対象とした「**成人病入院特約**」より入院給付金が支払われる。Aさんの契約の場合1日目からそれぞれ日額5,000円が支払われるため、（5,000円＋5,000円）×15日間＝15万円となる。

2. 不適切

　Aさんが死亡した場合には、終身保険200万円、定期保険特約2,800万円のほか、**特定疾病保障定期保険からも300万円支払わ**れるため、合計で3,300万円となる。

3. 適 切

　ケガによる入院の場合は、災害入院特約より**入院給付金**が支払われる。Aさんの契約の場合、1日目から日額5,000円が支払われるため、7日間で35,000円となる。

問2　解答
1

解説

　必要死亡保障額は、「遺族に必要な支出合計額」から「遺族の収入合計額」を差し引いて求められる。

〈遺族に必要な支出〉

末子独立（22歳）まで	25万円×70％×12カ月×22年＝	4,620万円
末子独立以降	25万円×50％×12カ月×33年＝	4,950万円
子どもの教育資金		2,000万円
葬儀費用		300万円
合　計		11,870万円

※住宅ローンについては団体信用生命保険より完済されるため、遺族は支払う必要はなくなる。

〈遺族の収入〉

遺族年金等の合計額	7,500万円
金融資産合計	300万円
合計	7,800万円

〈必要死亡保障額〉　＝　11,870万円－7,800万円＝4,070万円

問3 解答
3

解説

　契約者と被保険者が夫の生命保険契約で、その死亡保険金を妻が受け取った場合は相続税の課税対象となる。死亡保険金には「500万円×法定相続人の数」という金額までの非課税枠が設けられている。

　リビングニーズ特約のほか、入院給付金・手術給付金・通院給付金・特定疾病保険金などの生前給付金を被保険者本人が受け取った場合、原則として非課税となる。

不動産の取引

Aさんは土地を購入し、一戸建ての家を新築したいと考えている。最寄りの宅地建物取引業者に、以下の更地の情報の提示を受けた。Aさんは不動産の取引がはじめてなので、ファイナンシャル・プランナーに相談することにした。

提示を受けた土地の形状、接道状況、法令上の規制等は以下のとおりである。

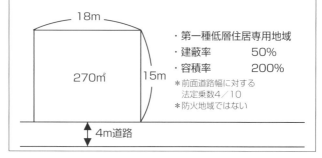

- 第一種低層住居専用地域
- 建蔽率　　　　50%
- 容積率　　　　200%
  ＊前面道路幅に対する
  　法定乗数4／10
  ＊防火地域ではない

18m
270㎡
15m
4m道路

問1 □□□

ファイナンシャル・プランナーがAさんに説明した、設例の土地の法令上の規制についての記述で、適切なものを1つ選べ。

1. この土地に建築物を建築する場合、建築面積の最高限度は135㎡である。
2. この土地には、延べ床面積540㎡までの建物を建築することができる。
3. この土地は第一種低層住居専用地域であるため、病院や診療所、大学なども建築できる土地である。

問2 ▶ □□□

不動産の売買に関しての注意点について、次の記述のうち、もっとも適切なものを1つ選べ。

1. 不動産の売買契約締結時において、売主が買主から解約手付を受領した場合、民法上、売主は買主が契約の履行に着手するまでは、手付金の倍額を現実に提供することで契約を解除することができる。

2. 土地・家屋の固定資産税の納税義務者は、毎年4月1日現在で所有者として固定資産課税台帳に登録されている者であるが、実務上、売買契約により、売主と買主の間で固定資産税の負担割合を所有期間で按分して清算するのが一般的である。

3. 売買にともなって所有権移転登記をする際に課される登録免許税の課税標準となる不動産の価額は、その実際の売買金額である。

問3 ▶ □□□

不動産の売買に関しての注意事項についてファイナンシャル・プランナーが説明した次の記述のうち、不適切なものを1つ選べ。

1. 売主と買主の間で何も取り決めがない場合、相手方が契約の履行に着手する前であれば買主は手付金を放棄すれば契約を解除できる。

2. 売買した不動産に種類または品質に関して契約不適合があった場合、買主は不適合を知ったときから2年以内に通知すれば、売主に損害賠償請求をすることができる。

3. 売買契約締結後、天災などで対象不動産が滅失し、それによって買主が契約の目的を達成することができない場合は、買主はただちに契約を解除することができる。

問1 解答

1

解説

1. 適 切

建築面積の最高限度は指定建蔽率として定められており、設例の土地は50%となっているため、敷地面積270㎡の50%で135㎡が建築面積の限度となる。

2. 不適切

通常は指定容積率が200%の土地であるため、建築可能な延べ床面積は540㎡となるが、前面道路の幅員が12m未満の場合は、以下の計算式によって算出される容積率と指定容積率のいずれか小さい数値となる。

住居系の用途地域　　前面道路の幅員×4／10
その他の用途地域　　前面道路の幅員×6／10

設問の土地の場合、

指定容積率　200%　＞　4m×4／10＝160%

となり、容積率160%の場合、建築できる延べ床面積の限度は432㎡となる。

3. 不適切

第一種低層住居専用地域では、病院や大学は建築できない。

問2 解答

1

解説

1．適 切

　買主も同様に売主が契約の履行に着手するまでは、手付金を放棄して契約を解除できる。

2．不適切

　納税義務者は毎年1月1日現在の所有者として固定資産課税台帳に登録されている者である。

3．不適切

　登録免許税の課税標準となる不動産の価額は、固定資産課税台帳に記載された価格である。

問3 解答

2

解説

1．適 切

　売主の場合は、手付金の倍額を現実に提供することで契約を解除することができる。

2．不適切

　買主は、種類または品質に関して、契約不適合があることを知ったときから1年以内に通知しておけば、売主に損害賠償請求などをすることができる。

3．適 切

　民法では危険負担責任は売主が負うこととされており、特に買主の契約の目的が達成できない場合は、ただちに契約を解除することができる。

実技

相続と贈与

　不動産業を営むAさん(75歳)は妻Bさん(74歳)と長女Cさん(45歳)と3人で暮らしている。Aさんの子どもは他に長男Dさん(42歳)がいる。長男Dさんは配偶者Eさん(40歳)と孫F(10歳)孫G(8歳)の4人で会社の社宅暮らしである。長男Dさんは住宅の購入を検討しており、子どもたちの教育資金も必要となることからAさんに資金援助を期待している。またAさんは将来、長女Cさんと長男Dさんが相続で揉めることがないように対策をしておきたいと考えている。

〈Aさんの親族関係図〉

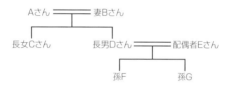

※ 上記以外の条件は考慮せず、各問に従うこと

問1 □□□

「直系尊属からの教育資金の一括贈与に係る贈与税の非課税措置」(以下、「本特例」という)に関する次の記述のうち、**最も不適切なもの**はどれか。

1. Aさんが本特例を活用して教育資金の一括贈与を行う場合、一定の条件を満たせば孫Fと孫Gに対してそれぞれ1,500万円で合計3,000万円まで非課税で贈与を行うことができる。
2. Aさんが2024年に本特例を適用して贈与を行う場合、2023年のAさんの合計所得金額は1,000万円以下である必要がある。
3. 本特例を適用して贈与を行う場合、教育資金に充てるための金銭等を金融機関に信託等し、金融機関から引き出す際には教育資金に充てたことを証明する領収書等を提出する必要がある。

問2 ☐☐☐

　Aさんは自身の相続の際に家族が揉めることがないように遺言書を作成しておきたいと考えている。遺言について述べた次の記述のうち、最も適切なものはどれか。

1. 自筆証書遺言を作成した場合、紛失等を避けるために法務局に保管することも可能で、保管所に保管されていた遺言については、検認は不要である。
2. 公正証書遺言は、2人以上の証人の立ち合いが必要なため、作成したことは証人や公証人が知ることになるが、その内容は秘密にすることができる。
3. 秘密証書遺言は財産目録を除き、全文を自筆で記入し封印する必要がある。

問3 ☐☐☐

　仮に、長女Cさんが暦年課税により、2024年5月中にAさんより現金1,000万円を贈与された場合、贈与税額は次のうちどれか。なお、各種非課税制度の適用は受けないものとする。

1. 177万円
2. 210万円
3. 231万円

贈与税の速算表（一部抜粋）

基礎控除後の課税価格	一般贈与財産		特例贈与財産	
	税率	控除額	税率	控除額
200万円以下	10%	－	10%	－
200万円超　300万円以下	15%	10万円	15%	10万円
300万円超　400万円以下	20%	25万円	15%	10万円
400万円超　600万円以下	30%	65万円	20%	30万円
600万円超　1,000万円以下	40%	125万円	30%	90万円
1,000万円超　1,500万円以下	45%	175万円	40%	190万円

問1 解答
2

解説

1. 適 切

直系尊属からの教育資金の一括贈与に関する贈与税の非課税措置は、受贈者一人に対して1,500万円が限度で、Aさんの場合孫2人にそれぞれに適用して3,000万円まで非課税で贈与ができる。この特例は2026年3月31日までの贈与に対して適用される。

2. 不適切

この特例は、**受贈者**の前年の合計所得金額が、1,000万円を超える場合には適用できないものであり、贈与者の合計所得金額については問われない。

3. 適 切

本特例を適用するには、金融機関に**信託等**する必要がある。学校等へ教育資金の支払いをしたら領収書を受け取り、金融機関に提出し、引き出す。

問2 解答
1

解説

1. 適 切

2020年7月10日以降、自筆証書遺言を**法務局**の保管所に保管する制度が利用できる。これによって、遺言書の紛失や隠匿等を防止することができる。自筆証書遺言は検認が**必要**であるが、この保管所に保管されている遺言書については検認が**不要**である。

2．不適切

公正証書遺言は、本人が公証役場で口述し、公証人が筆記する方式で作成される。また2人以上の証人の立ち合いが必要である。そのため、作成したことやその内容は公証人や立会人が知ることになる。

3．不適切

秘密証書遺言は、本人が署名捺印した遺言を封印し、公証役場で**住所氏名**を記入する。財産目録に限らずパソコン等や代筆も可能である。なお、**自筆証書遺言**は自筆で記入する必要があるが、**財産目録**についてはパソコン等での作成も可能となった。

問3 解答
1

解説

贈与税は以下のように計算される。基礎控除額は110万円である。

贈与税額＝（課税価格－基礎控除）×税率－速算控除額

贈与税の税率は一般税率と**特例税率**があり、贈与を受けた年の1月1日時点で18歳以上の受贈者が直系尊属から受けた贈与については**特例税率**が適用され、それ以外は**一般税率**である。本問の場合、長女Cさんは45歳で直系尊属であるAさんから贈与を受けるため、特例税率が適用される。

長女CさんがAさんから1,000万円の贈与を受けた場合の贈与税は、以下のとおりである。

（1,000万円－110万円）× 30% － 90万円 ＝ 177万円

実技

保険契約者の税金

　会社員のAさんは、妻Bさんと長女Cさんおよび次女Dさんとの4人家族である。Aさんは2024年4月に変額終身保険を解約し、解約返戻金を受け取っている。Aさんはこの他にがん保険に加入して保険料を支払っている。また、老後資金準備の目的でiDeCoに加入している。

<Aさんとその家族に関する資料>
　Aさん(50歳)会社員
　妻Bさん(46歳)パート　2024年中の収入は100万円の予定
　長女Cさん(20歳)大学2年生　2024年中の収入はない
　次女Dさん(18歳)高校3年生　2024年中の収入はない

<Aさんの2024年分収入と保険等に関する資料>
①給与収入　　　　920万円
②変額終身保険(2024年4月に解約)

契約年月日	：2004年5月
解約返戻金	：560万円
契約者(＝保険料負担者)	：Aさん
死亡保険金受取人	：妻Bさん
契約から解約までの正味払込保険料	：480万円
2024年の年間正味払込保険料	：8万円

③保険種類：がん保険
　契約年月：2016年4月
　契約者(＝保険料負担者)：Aさん　被保険者：Aさん
　2024年の年間正味払込保険料　：54,000円
④iDeCo
　掛金：23,000円/月
　運用商品の選択割合：XY生命利率保証年金(10年)100%

※　妻Bさんおよび長女Cさん、次女DさんはAさんと生計を一にしている。

※　Aさんとその家族は、障害者および特別障害者には該当しない。

※　年齢はいずれも2024年12月31日時点のものである。

問1 ▶ □□□

　Aさんの2024年分の所得税における生命保険料控除に関する次の記述のうち、最も適切なものはどれか。

1. がん保険の保険料は介護医療保険料控除の対象で、年間正味払込保険料が40,000円超80,000円以下であるため、控除額は「支払保険料×1/4＋20,000円」で求められる。
2. 4月に解約するまでに支払った変額終身保険の保険料は旧生命保険料控除の対象となるが、旧生命保険料控除と新生命保険料控除の双方で同時に控除を受けることはできない。
3. iDeCoの掛金は利率保証年金に100％積み立てているため、個人年金保険料控除の対象である。

問2 ▶ □□□

　Aさんの2024年分の所得税における所得控除の控除額に関する以下の文章の空欄①～③に入る数値の組み合わせとして、最も適切なものはどれか。

　Aさんの2024年の所得税の計算において、扶養控除と（　①　）の適用を受けることができます。（　①　）の金額は（　②　）万円で、扶養控除の金額は合計で（　③　）万円です。

1. ①配偶者控除　　　②101万円　　　③26万円
2. ①配偶者特別控除　②63万円　　　③38万円
3. ①配偶者控除　　　②38万円　　　③101万円

問3 ▶ □□□

　Aさんの2024年分の所得税における総所得金額は次のうちどれか。

1. 725万円　　　2. 740万円　　　3. 755万円

＜給与所得控除額＞

給与収入金額	給与所得控除額
～ 180 万円以下	収入金額× 40％－ 10 万円 （55 万円に満たない場合 55 万円）
180 万円超　360 万円以下	収入金額× 30％＋ 8 万円
360 万円超　660 万円以下	収入金額× 20％＋ 44 万円
660 万円超　850 万円以下	収入金額× 10％＋ 110 万円
850 万円超	195 万円

実技

保険契約者の税金

問1 解答
1

解説

1. 適 切

2012年1月1日以降に契約した医療保険・医療費用保険・がん保険・介護保障保険・介護費用保障保険等の契約は一般の生命保険料控除とは別に**介護医療保険料控除**の対象となる。所得税における控除額は年間正味払込保険料の額によって以下のとおり。

年間正味払込保険料	控除額
20,000 円以下	支払保険料の全額
20,000 円超　40,000 円以下	支払保険料×1／2＋10,000 円
40,000 円超　80,000 円以下	支払保険料×1／4＋20,000 円
80,000 円超	一律 40,000 円

2. 不適切

2011年以前の契約と2012年以降の契約がある場合、それぞれ旧生命保険料控除と新生命保険料控除の適用を受けることができる。

3. 不適切

iDeCoの掛金は、利率保証年金であっても個人年金保険料控除の対象ではなく、**小規模企業共済等掛金控除**となる。

問2 解答
3

解説

納税者本人の合計所得金額が**1,000万円**以下で、納税者と生計を一にする合計所得金額が**48万円**以下の配偶者がいる場合は**配偶者控除**が適用される。

Aさんの合計所得金額は1,000万円以下で、妻Bさんの合計所得金額は48万円以下（パート収入100万円－給与所得控除額55万円

=45万円)であるため、|配偶者控除|の対象となる。控除額は納税者本人の合計所得金額により以下のとおりで、Aさんの場合、|38|万円である。

納税者本人の合計所得金額	控除額
900万円以下	38万（48万円）
900万円超950万円以下	26万（32万円）
950万円超1,000万円以下	13万（16万円）

（　）内は老人控除対象配偶者の場合

　長女Cさん（20歳）、次女Dさん（18歳）はそれぞれ収入がなく、Aさんと生計を一にしているため、扶養控除の対象となる。長女Cさんは19歳以上23歳未満が対象となる**特定扶養親族**となり控除額は63万円。次女Dさんは16歳以上19歳未満で**一般の扶養親族**となり控除額は38万円である。娘2人が対象となる**扶養控除**の金額を合計すると|101|万円となる。

問3 解答
2

解説

　Aさんの2024年中の収入は勤め先から受け取る給与収入と変額終身保険の解約返戻金である。給与は給与所得、保険の解約返戻金は一時所得となる。それぞれの所得金額の計算は以下のとおり。

Aさんの給与所得
　■給与収入－給与所得控除額
　　920万円－195万円＝725万円
　■一時所得（変額終身保険の解約返戻金）
　　収入金額－必要経費－特別控除額（最高50万円）
　　560万円－480万円－50万円＝30万円

　一時所得は他の所得と合算され総合課税となるが、このとき合算する金額は一時所得の金額の2分の1の金額となる。

よって、Aさんの総所得金額は
　725万円＋（30万円÷2）＝|740|万円

● 索 引

327

● 著者紹介

株式会社 マネースマート

　多様化する現代、人の人生、価値観も様々である中、大切な「お金」の考え方。マネースマートには「MONEY"お金"」に「SMART"賢く"」を大切にしながらご相談やセミナー・執筆などを通して「マネーの専門家」として総合的な"生涯のパートナー"としてお手伝いしていきたいという想いが込められております。「安心して幸せで豊かな生活を送れる社会の実現」を目指し人生の伴走者として応援します。

● 企画編集

成美堂出版編集部

本書に関する正誤等の最新情報は、下記のURLをご覧ください。
https://www.seibidoshuppan.co.jp/support/

上記アドレスに掲載されていない箇所で、正誤についてお気づきの場合は、書名・発行日・質問事項（ページ・問題番号など）・氏名・郵便番号・住所・FAX番号を明記の上、**郵送またはFAX**で、成美堂出版までお問い合わせください。
※ 電話でのお問い合わせはお受けできません。
※ 本書の正誤に関するご質問以外はお受けできません。また受検指導などは行っておりません。
※ ご質問の到着確認後10日前後に、回答を普通郵便またはFAXで発送いたします。
※ ご質問の受付期間は、2025年5月までの各試験日の10日前到着分までとさせていただきます。ご了承ください。

これだけ覚える FP技能士3級一問一答+要点整理 '24→'25年版

2024年6月10日発行

著　者	株式会社マネースマート
発行者	深見公子
発行所	成美堂出版
	〒162-8445　東京都新宿区新小川町1-7
	電話(03)5206-8151　FAX(03)5206-8159
印　刷	広研印刷株式会社

©MONEYSMART,Inc. 2024　PRINTED IN JAPAN
ISBN978-4-415-23855-5